영성을 통한

중독회복의 길

허　근 신부 엮음

KNOWLEDGE COMMUNITY 공동체

책을 펴내며

중독은 신체적인 면과 정신적인 면, 영적인 면에 많은 피해를 가져온다. 중독 치료에서 의학적인 치료와 심리치료만으로는 한계가 있다. 중독자가 전인적으로 회복하기 위해서는 신체적이고 정신적인 회복과 함께 영적 회복이 필요하다.

알코올중독자들은 삶의 고통과 문제들에 대한 해답을 술에서 찾으려 한다. 그 결과 영적인 공허함, 실존적인 공허함, 삶의 불안 때문에, 순간적인 만족을 주는 술에 의존한다. 알코올중독자들이 술에 의존하면 할수록 자신이나 생활이 황폐화 된다.

중독자의 온전한 회복을 위해서는 정신적이고 영적인 회복을 할 때만이 지속적인 단주생활이 가능하다. 그리고 중독자가 술을 완전히 끊고 온전한 생활을 하기 위해서는 하느님의 많은 도움을 받아야 한다. 그래서 단주에 관한 묵상과 성찰, 기도를 통해 진정으로 회복할 수 있다고 생각한다.

나는 알코올중독에 걸려 많은 고통 중에 있었던 분들에게 조금이나마 도움을 주고자 하는 마음으로 중독으로부터 회복하기 위한 100일 동안의 길잡이 "영성을 통한 중독회복의 길" 묵상 책을 발간한다. 부디 이 책이 많은 중독자들에게 회복의 빛이 되기를 간절히 바란다.

이 책을 출판하도록 기꺼이 허락해 주신 공동체 출판사 사장님, 그리고 출판에 사용할 그림들을 제공해 주신 대구대교구 김도율 신부님께 감사드린다.

2018년 겨울 낙산 기슭에서

단중독사목위원회 위원장/가톨릭알코올사목센터 소장
허 근

❙ 차 례 ❙

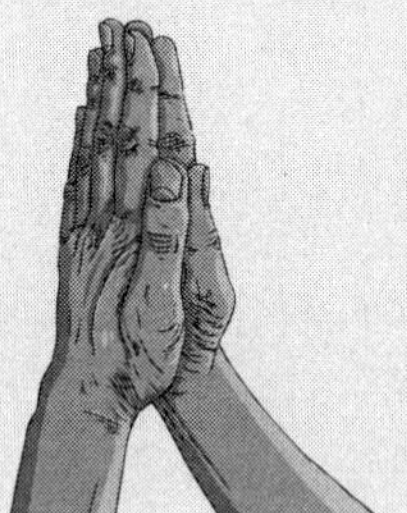

1

시작기도문과 마침기도문

시작기도 1.

전능하신 하느님,
회복모임에 참석하는 저에게
주님의 사랑을 베풀어 주시고
저를 알코올중독으로부터 회복시켜 주소서.

제가 주님의 뜻대로 회복하려는
의지와 목적을 갖게 해주시며
겸손하게 단주치료 프로그램을 따르도록
저에게 인내와 끈기를 허락하소서.

지난날 저의 중독적인 행위들을 용서하시고
오늘 단주를 결심하는 저에게 힘을 주시어
언제나 마음의 평온함을 누리게 하소서.

시작기도 2.

전능하신 하느님,

저의 삶에 역사하시어

알코올중독에 있는 저를 치유해 주소서.

중독에 대한 진정한 성찰 없이는

중독으로부터 회복이 불가능하오니

매일 저를 돌아보게 하시고

정직한 삶을 살 수 있도록

저에게 당신의 힘을 내려주소서.

제가 항상 하느님의 사랑을 굳게 믿으며

굳센 믿음으로 매일 회복의 길을 걸어가게 하소서.

시작기도 3.

전능하신 하느님,
오늘 저는 알코올중독 회복을 위하여
주님의 도움을 간절히 청하옵니다.

지난날 알코올중독에 대한 부정은
오랜 기간 동안 제가 얼마나 술에 무기력하였는지
또한 일상생활을 정상적으로 하지 못하였는지를
깨닫지도 못하고 알지도 못하게 만들었나이다.

제가 불치의 병을 알고 있음을 인정한다면
오직 단주만이 알코올중독에 대처할 수 있는
유일한 방법이란 것을 인식하게 하여주소서.

시작기도 4.

전능하신 하느님,

창조하신 본래 모습대로

저를 알코올중독에서 회복시켜 주소서.

제가 하느님의 보살핌에

저의 의지와 생명을 완전히 맡기어

저를 건전한 본 정신으로 돌아오게 하소서.

그리고 저의 도움을 필요로 하는 중독자들에게

하느님의 권능과 사랑을 증거하는 삶을 살게 하시고

어떤 유혹에도 굴복하지 않고 충실히 단주하게 하소서.

마침기도 1.

전능하신 하느님,
어쩔 수 없는 것을 받아들이는 평온함을 주시고
어쩔 수 있는 것을 바꾸는 용기를 주시고
그리고 이를 구별하는 지혜도 주소서.

오직 오늘을 선하게 살아가도록 인도하여 주시고
고난을 평화로 가는 여정으로 받아들이며
우리가 과거에 행한 것과 현재의 상태들을
있는 그대로 받아들이게 하소서.

그리고 우리가 하느님의 뜻에 따라
모든 것을 놓아버린다면
하느님께서는 올바르게 고쳐주신다는 것과
이러한 삶만이 진정한 행복이며
오직 하느님과 함께 살아갈 때만이
영원한 평온함이 찾아옴을 믿게 하소서. 아멘.

마침기도 2.

전능하신 하느님,
저의 과거와 현재를 맡기오니 받아주소서.

중독으로 인해 일어났던 모든 죄들을 용서하시고
술에 의지하였던 제 자신의 어리석음을 깨닫게 하소서.

오늘도 술에 대한 모든 유혹들을 물리치게 하시고
회복의 길을 걸어갈 수 있도록 저에게 은총을 주소서.

마침기도 3.

전능하신 하느님,
제가 저의 능력보다 하느님의 위대한 능력을
진심으로 믿을 수 있도록 저에게 은총을 주소서.

제가 하느님의 능력으로 중독에서 회복하여
더 이상 술로 인해 미치광이의 행동을 하지 않고
하느님이 원하시고 좋아하시는 행동을 하게 하소서.

제가 매일 단주를 철저하게 실천함으로써
하느님과 가족들을 진정으로 사랑하게 하시며
단주를 지속할 수 있도록 항상 저에게 힘을 주소서.

마침기도 4.

전능하신 하느님,

어쩔 수 없는 것을 받아들이는 평온함을 주시고

어쩔 수 있는 것을 바꾸는 용기를 주시고

그리고 이를 구별하는 지혜도 주소서.

2

알코올중독으로부터의 탈출과 알코올중독에 대한 인정

우리는 알코올에 무력했으며 스스로 생활을
처리할 수 없게 되었다는 것을 깨닫고 시인했다.

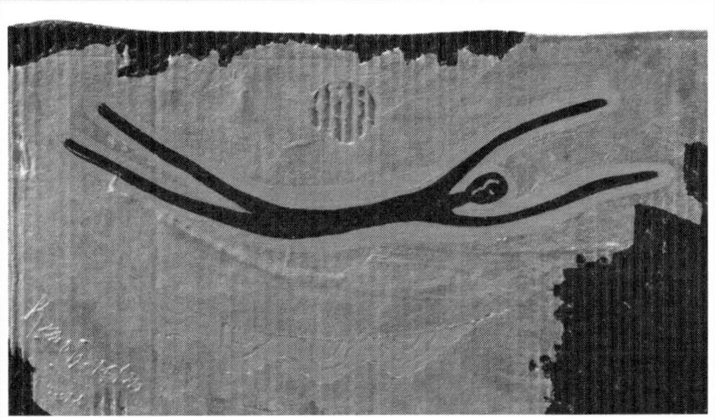

1단계를 위한 기도

주님, 저는 오늘 저의 중독회복을 위해 당신께 도움을 청하옵니다. 저는 술로 인해 저의 삶에서 많은 것들을 잃어버렸고, 앞으로의 삶에 대해서도 매우 불확실하다는 것을 느낍니다.

주님, 알코올중독에 대한 부정은 제가 얼마나 술에 무력하였는지를, 그리고 저의 삶을 스스로 처리할 수 없게 하였는지를 보지 못하게 만들었나이다.

주님, 제가 술로 인해 저의 삶과 다른 사람들의 삶을 처리할 수 없게 되었다는 것을 배우고 기억하기를 바라나이다. 또한 제가 지금 올바르게 할 수 있는 최선의 일은 저를 그대로 내버려 둔다는 사실을 기억하게 하소서.

주님, 제가 술에 무력하고 저의 삶을 처리할 수 없다는 것을 받아들여 단주를 선택하게 하소서.

1일
나는 알코올중독이라는 질병에 걸렸다

오늘의 묵상

지금까지 나의 삶은 술로 인해 비참하고 절망적인 상태의 인간이었습니다. 나는 실제로 신체적으로, 정신적으로, 영적으로 알코올중독이라는 질병에 걸려 있습니다. 내 자신이 술에 무력하게 되었는데도 불구하고 나는 얼마든지 술을 조절하여 마실 수 있다고 생각합니다.

이제는 내가 술에 대해 통제할 수 없게 되었다는 사실을 인정하고, 나와 나의 삶을 지배하고 있는 알코올중독에서 벗어나려고 노력하는 것이 절대적으로 필요합니다.

오늘의 말씀

아직도 덜 맞아서 엇나가기만 하느냐? 머리는 상처투성이이고 속은 온통 병이 들었으며, 발바닥에서부터 정수리까지 맞아 터졌는데도 짜내고 싸매고 약을 발라주는 이도 없구나(이사야서 1:5-6).

오늘의 묵상은 나에게 어떤 의미를 주고 있습니까?

오늘의 강의

사람들은 대부분 편안함을 느끼기 위해, 즐거움을 얻기 위해, 사람들과의 친교를 위해 등 다양한 이유로 술을 마신다. 그러다가 알코올중독이 되면 술을 스스로 통제할 수 없고, 술로 인해 사고, 직장상실, 이혼, 자살 등 많은 문제들이 일어난다.

이렇게 삶의 많은 문제들이 일어나는데도 불구하고, 자신의 알코올중독을 인정하지 못하고 어떻게 해서든 술을 적당히 조절하여 마시려고 노력한다. 그러면 알코올중독이 더욱 심각해지고, 삶의 많은 부분에서도 통제력을 잃어버리게 된다. 그리고 지능, 정서, 의지마저 망가져 버린다.

알코올중독자가 알코올중독에서 벗어나 새로운 삶을 살 수 있는 길은 자신의 알코올중독에 대해 솔직하게 인정하고 알코올중독을 치료받는 길뿐이다.

질문

1. 나는 술에 무력하다는 사실을 인정하고 받아들입니까?
2. 술이 나의 삶에서 나를 어떤 위험에 빠트렸습니까?

오 · 늘 · 의 · 기 · 도

전능하신 하느님, 오직 당신만이 제 삶을 이끌어 갈 수 있는 힘이심을 알게 해주시고, 저의 나약함을 솔직하게 인정함으로써 알코올중독에서 벗어나게 하소서.

2일
알코올중독의 말로는 죽음이다

오늘의 묵상

나는 많은 부족함에도 불구하고 하느님은 나에게 거저 주신 오늘을 맞이하여 새로운 각오로 단주의 날을 시작합니다. 나는 오늘 제일 먼저 할 일을 단주실천에 목표를 두겠습니다.

나는 기쁘고 즐거운 마음으로 단주실천을 하기 위해서 구체적이고 확실한 방안들을 강구하겠습니다. 무엇보다도 단주를 방해하는 모든 방해물과 걸림돌을 제거하도록 노력하겠습니다. 그리고 오늘 단주를 하면서 맑은 정신으로 지내겠습니다.

오늘의 말씀

사람이 온 세상을 얻는다 해도 제 목숨을 잃으면 무슨 소용이 있겠느냐? 사람의 목숨을 무엇과 바꿀 수 있겠느냐(마태오 16:26).

오늘의 묵상은 나에게 어떤 의미를 주고 있습니까?

오늘의 강의

내가 처음 단주를 결심했을 때 너무나 절망적이고 좌절의 상태였다. 나는 중독 상태에서 매일 잘난 척, 아는 척, 거룩한 척하면서 살았다. 알코올중독으로 인해 신체적으로나 정신적으로 병들어 있었고, 영적으로도 바닥 상태였다.

내가 알코올중독에 빠져있을 때 나의 정체성을 상실하고, 나의 역할과 사명을 다하지 못하는 밑바닥 상태였다. 그럼에도 술에 대해서 자기합리화와 변명으로 일관하고, 술에 대한 미련과 환상을 깨끗이 버리지 못하고, 술을 조절할 수 있다는 망각과 환상 속에서 허우적거렸다. 내가 얼마나 어리석고 한심한 인간이었는지를 진심으로 반성해야 한다.

한 번 알코올중독자가 되면, 죽을 때까지 영원히 알코올중독자라는 사실이다. 더욱이 중독자의 말로는 신체적으로, 정신적으로, 영적으로 병들어 비참하고 불행한 죽음을 맞이한다.

질문

1. 내가 알코올중독을 인정하지 못하는 이유는 무엇입니까?
2. 나는 알코올중독으로 어떤 면에서 밑바닥 상태였습니까?

오 · 늘 · 의 · 기 · 도

전능하신 하느님, 오늘 아침에 결심한 단주결심을 하루 내내 충실히 지키며 실천할 수 있는 은총을 저에게 내려주소서. 혹시라도 단주를 방해하는 어려움들을 잘 극복하도록 도와주소서.

3일
알코올중독은 누구나 걸릴 수 있다

오늘의 묵상

나는 알코올중독자에 관해서 알코올중독은 인생의 낙오자나 실패자, 지식수준이나 사회적 신분이 낮은 사람, 경제적 어려움이 있거나 윤리 도덕적으로 황폐한 사람이 걸린다는 왜곡된 생각을 했습니다. 그러나 알코올중독은 누구든지 걸릴 수 있는 질병입니다.

나는 지금 술로 인해 많은 피해와 문제를 일으키기 때문에, 알코올중독자임을 인정하고, 중독치료를 시작하겠습니다.

오늘의 말씀

절제 있게 마시면 술을 사람에게 생기를 주고 마음의 즐거움과 영혼의 기쁨을 준다. 흥분해서 과격하게 마시면 영혼에 쓰라림을 가져다줄 뿐이다. 어리석은 자가 술에 취하면 광기를 일으켜 스스로를 해치고 기운이 쇠진하게 된다(집회서 31:29-30).

오늘의 묵상은 나에게 어떤 의미를 주고 있습니까?

오늘의 강의

우리나라는 예로부터 관혼상제 때나 축제 때에 술을 즐겨 마셔왔기 때문에, 음주에 대해서 매우 관대하고 허용적인 편이다. 이런 음주 문화는 알코올중독자가 증가하는 원인이 된다.

술로 인한 문제는 요즈음 성인들만의 문제가 아니라, 청소년들, 중·고등학교 학생들, 심지어는 초등학교 학생들까지 음주연령도 점차 연소화되는 추세이다. 중산층과 부유층, 빈민층, 남성과 여성의 구별 없이 확산되고 있다.

이들 중 대부분은 사회생활, 직장생활, 학교생활, 가정생활에 별로 문제가 없는 것처럼 생활한다. 하지만 중독자들에 대해 적절한 치료를 하지 않으면, 자살하거나 죽고, 정신이 이상해지고, 말기가 되어서야 병원에 입원하게 될 것이다.

질문

1. 나는 알코올중독에 대해 어떤 오해와 편견을 가지고 있습니까?
2. 술이 나의 인생을 어떻게 파괴하였고, 삶에 어떤 위기를 가져왔습니까?

오 · 늘 · 의 · 기 · 도

전능하신 하느님, 제가 알코올중독에 대해서 오해와 편견을 버리고, 술이 나의 인생을 얼마나 파괴하였고 어떤 삶의 위기를 가져왔는지를 깨닫게 해 주소서. 오늘 나의 알코올중독 질병을 솔직하게 인정하고 치료를 받을 결심을 하게 하소서.

4일
알코올중독은 진행성 질병이다

오늘의 묵상

오지 않은 미래만 생각하며 살거나, 지나간 과거에 집착해서 살기보다는 현재를 사는 것이 중요합니다. 나는 그동안 술을 끊는 것에 대해 저항을 하며 살아왔습니다.

내가 지금 단주치료를 받는 것만이 알코올중독에서 벗어나 정상적인 삶을 살 수 있을 것입니다. 나는 알코올중독회복에 도움을 주려는 가족들과 중독치료 전문가들을 겸허히 받아들이겠습니다.

오늘의 말씀

내 아들아, 지혜를 얻어 네 마음을 바른 길로 이끌어라. 술독에 빠진 사람들과 어울리지 말고, 술에 빠지면 거지가 되고 누더기를 걸치게 된다(잠언 23:19-21).

오늘의 묵상은 나에게 어떤 의미를 주고 있습니까?

오늘의 강의

알코올중독은 진행성 질병이며 치명적인 질병이다. 알코올중독의 발병 시기는 10대에서부터 70대까지 사람마다 다르다. 알코올중독 문제로 전문치료기관이나 병원을 찾았을 때는 이미 직장을 중단하고, 별거나 이혼을 하고, 신체에 심각한 손상을 입은 경우들이 많다.

술을 마시는 상황을 살펴보면, 알코올중독이 진행성 질병이라는 것을 알 수 있다. 술을 마시기 시작한 이후, 시간이 지나면서 같은 양으로는 전과 같은 효과와 기분을 느끼지 못하기 때문에, 전과 같은 효과를 얻기 위해 더 많은 양의 술을 마시게 된다. 처음 소주 한두 잔 마시던 사람이 몇 년 후에는 한두 병을 마시게 되고, 내성이 생기고, 만취되어 기억상실을 경험한다. 알코올중독자의 술을 마시는 태도와 양상을 살펴보면, 술로 인한 문제들이 계속 일어나는데도 술을 중단하지 못한다는 알코올중독의 특성을 가지고 있다.

질문

1. 나는 처음 술을 마신 후에 언제부터 내성이 생겼습니까?
2. 내가 처음으로 술을 마신 후 기억상실을 경험한 때가 언제입니까?

오 · 늘 · 의 · 기 · 도

주님, 제가 과거 술의 즐거움에 집착하지 말고, 단주에 대해 의구심을 버리고, 단주치료를 기쁘게 받도록 도와주소서.

5일
알코올중독자는 술의 노예이다

오늘의 묵상

나는 그동안 술로 인해 나의 인생의 목표와 방향마저 잃어버리고 방황한 삶을 살아왔습니다. 그리고 술이 나의 모든 생활의 주인이 되었고, 나는 술의 노예가 되어 술을 도저히 통제할 수 없는 상태가 되었습니다.

다행히 내 마음 깊은 곳에는 술을 끊고자 하는 한 줄기 빛이 남아 있었습니다. 이제는 내면에서 말씀하시는 하느님의 부르심과 인도에 따라 단주를 선택해야 하겠습니다.

오늘의 말씀

육체의 욕망은 성령을 거스르고 성령께서 원하시는 것은 육정을 거스릅니다. 이 둘은 서로 반대되는 것이기 때문에 여러분은 자기가 원하는 일을 할 수 없게 됩니다(갈라디아서 5:17).

오늘의 묵상은 나에게 어떤 의미를 주고 있습니까?

오늘의 강의

알코올중독이 계속 되면서 술에 의존하는 증상이 나타나기 시작한다. 이러한 의존증상이 심화되면 습관적으로 술을 마신다. 이전의 인간관계, 취미활동, 여가생활을 잃어버리고 오로지 즐거움과 쾌락을 위해 술을 남용하게 된다.

술을 남용하는 단계를 순응이라고 하는데, 이 단계에서 내성이 생기게 되어 알코올중독을 극복하기가 어려워진다. 이러한 양상은 죄가 인간의 의지를 굴레 씌우는 모습과도 너무 흡사하다.

아우구스티누스는 죄가 인간의 타락에 의해 스스로를 예속시키는 자기 속박의 결과라고 하였다. 이렇듯이 내가 다른 사람들이나 외적 상황으로 인해 알코올중독의 쇠사슬에 속박되어 있는 것이 아니다. 바로 나 자신 스스로 알코올중독의 쇠사슬을 만들었고, 나는 그 쇠사슬에 묶여 있었던 것이다. 그러기에 술을 향해 기울어져 있던 나의 왜곡된 의지를 정상으로 되돌리도록 노력해야 하고, 술에 대한 욕심에서 벗어나기 위해 중독치료를 열심히 받아야 한다.

질문

1. 나는 술의 노예가 되어 술에 완전히 속박된 삶을 살고 있다고 생각합니까?
2. 내가 스스로 알코올중독의 쇠사슬에서 벗어나기 위해 무엇을 해야 합니까?

오 · 늘 · 의 · 기 · 도

전능하신 하느님, 오직 당신만이 제 삶을 이끌어 갈 수 있음을 알게 하시고, 제가 알코올중독을 솔직히 인정함으로써 당신께서 주시는 힘으로 알코올중독에서 벗어나게 하소서.

6일
나는 술에 무력함을 받아들여야 한다

오늘의 묵상

나는 술이 나에게 독이 된다는 것을 인정해야 합니다. 나는 지금까지 즐거움을 얻기 위해서, 그리고 친구들과 어울리기 위해서 술을 마셔왔습니다. 그러나 내가 알코올중독이 된 이후 즐거움보다는 고통들이 있었고, 친구들과도 멀어졌습니다. 알코올중독이 심각해질수록 결국 나는 고독하게 되었습니다.

따라서 나는 술에 있어서 한계를 받아들여야만 합니다. 겸손한 마음으로 나의 한계성을 인정할 때만이 하느님은 술에서 나를 구원해 줄 수 있을 것입니다.

오늘의 말씀

술을 잘 마신다고 용감한 체하지 말라. 술 때문에 많은 사람이 실패하였다(집회서 31:25).

오늘의 묵상은 나에게 어떤 의미를 주고 있습니까?

오늘의 강의

고혈압이나 당뇨병을 가진 사람이 나쁜 사람이 아닌 것처럼 알코올중독자는 나쁜 사람이 아니고, 더욱이 의지가 약하거나 게으른 사람도 아니다.

단지 알코올중독자의 몸은 정상인과 다를 뿐이며, 몸이 술에 있어서 다르게 반응할 뿐이다. 중독전문가들은 알코올중독자가 술을 마실 때, 특이하게 반응하는 것을 신체적인 무력함이라고 부른다.

술에 대한 무력함은 알코올중독이 되면, 몸이 술에 반응하는 방법을 자신이 조절할 수 없다는 의미이다. 알코올중독자의 술에 대해 조절력 상실을 보이는 증상은 특이한 반응 때문이다. 그래서 알코올중독은 신체적인 질병이라고 할 수 있다.

질문

1. 나는 정상음주자와 다르게 술에서 어떤 특이한 반응을 보인다고 생각합니까?
2. 나는 이제 정상적으로 술을 마실 수 없다는 것을 인정합니까?

오 · 늘 · 의 · 기 · 도

전능하신 하느님, 저는 술에 무력함을 진정으로 인정할 수 있기를 기도드립니다. 나약한 저로 하여금 술의 유혹에 빠지지 않게 도와주소서.

7일
나는 술에 완전히 항복해야 한다

오늘의 묵상

나의 자존심은 술에 대한 무력함과 조절력 상실을 인정하지 않게 합니다. 어떤 사람들은 책임감이 너무 강하여 다른 사람들과 고립되는 원인이 되고, 어떤 사람들은 매우 무책임합니다.

나는 음주로 인해 참을 수 없는 고통에 이르러서도 자유로움과 회복을 향한 첫 번째 걸음을 시작하지 않았습니다. 이제 나는 "나는 술에 무력하다"는 것을 인정하고, 술에 완전히 항복하겠습니다.

오늘의 말씀

저는 탄식으로 기진하고 밤마다 울음으로 잠자리를 적시며 눈물로 제 침상을 물들입니다.
저의 눈은 시름으로 멀어지고 저의 모든 적들 때문에 어두워집니다 (시편 6:7-8).

오늘의 묵상은 나에게 어떤 의미를 주고 있습니까?

오늘의 강의

알코올중독은 절망, 혼돈, 기능장애를 가져옴으로써 나를 육체적으로나 정신적으로 병들게 할 수 있고, 심각한 병에 걸릴 수 있게 한다.

전문가들은 알코올중독이 된 사람들을 X-인자를 가지고 있다. 이것은 그 사람들이 술에 특이하고 비정상적인 방식으로 반응한다는 뜻이다. 많은 사람들은 술을 마시면 즐겁고 기분이 좋아진다. 그러나 만약 술을 마심으로 인해 몸이 아프거나 생활에 문제들이 생기게 되면 술을 중단한다.

하지만 알코올중독이 되면, 머리로는 술의 문제들을 인식하지만, 한 번 술을 마시면 멈출 수 없고, 만취될 때까지 마신다. 그러기에 자신이 "나는 술에 완전히 졌다"라고 인정하는 것이 필요하다.

질문

1. 내가 술에 무력했다는 것과 술이 나의 삶을 어찌할 수 없게 만들었다는 것을 인식하지 못하게 하는 것은 무엇입니까?
2. 지금 나의 삶의 어떤 부분이 나를 가장 슬프게 만들고 있습니까?

오 · 늘 · 의 · 기 · 도

전능하신 하느님, 제가 알코올중독에 대한 무력함과 조절력을 상실하였음을 인정하게 하시고, 더 이상 술을 조절할 수 있다는 망상을 버리게 하소서.

8일
알코올중독의 원인은 다양하다

오늘의 묵상

나는 알코올중독자가 아님을 부정하였습니다. 교통사고로 인해 한 번 다리를 절단했는데도, 자신의 다리가 없어진 원인에 대해 계속 생각한다면 삶이 더욱 우울해질 것입니다.

오히려 다리가 없어진 것을 인정하고, 의족이나 목발을 하거나, 휠체어를 타고 다녀야 하듯이, 나는 술에 대한 미련을 버리고 중독자라는 사실을 인정해야 하겠습니다.

오늘의 말씀

노아가 하루는 포도주를 마시고 취하여 벌거벗은 채로 천막 안에 누워 있었다. 마침 둘째 아들 함이 아버지가 벌거벗은 것을 보고 밖에 나가 형들에게 말하였더니, 노아는 술이 깨어 둘째 아들이 한 일을 알고 "가나안의 저주를 받아 형제들에게 천대받는 종이 되어라" (창세기 9:18-25).

오늘의 묵상은 나에게 어떤 의미를 주고 있습니까?

오늘의 강의

알코올중독의 원인은 다양하다. 그런데 알코올중독자는 정상인보다 더 의존적이고, 더 불안하고, 더 자기중심적이고 자제력이 부족하다.

하버드 대학의 조지 벨리안트 박사의 연구를 보면, “알코올중독자의 성격적인 현상은 알코올중독이 시작된 이후에 형성된 것이다”라고 한다. 또한 부모가 알코올중독자의 경우, 부모의 영향으로 성인이 된 후 알코올중독자가 되기도 한다.

일반적으로 알코올중독의 원인은 첫째, 가족의 유전적인 요인, 둘째, 은퇴, 사업실패, 질병, 이혼, 죽음 등 위기, 셋째, 우리나라의 관대한 음주문화이다. 과음은 알코올중독에 이르게 하고, 치명적인 질병으로 발전한다. 우리 속담에 가랑비에 옷이 젖듯이 문제는 알코올중독이 진행성 질병이기 때문에, 자신이 알지 못하는 사이에 중독자가 된다는 것이다.

질문

1. 내가 알코올중독이 된 가장 큰 이유는 무엇입니까?
2. 나는 아직도 과거음주에 대한 미련과 향수에 젖어 있고, 정상적이고 조절음주가 가능하다고 생각합니까?

오 · 늘 · 의 · 기 · 도

전능하신 하느님, 제가 알코올중독에 대한 원인을 살펴봄으로써 알코올중독자라는 사실을 인정하게 해주소서.

9일
술과 미련 없이 이별을 고해야 한다

오늘의 묵상

나는 살아오면서 친한 친척들이나 친구들이 죽음으로 세상을 떠났습니다. 내가 인생에서 변화와 이별이 싫다고 숨어서도 안 되고, 지나간 과거에 집착해서도 안 됩니다.

나는 이제 술에 대한 집착을 버리고, 알코올중독에서 벗어나는 변화를 두려워하지 않겠습니다. 내가 술과의 이별을 거부하고, 술을 계속 마신다면, 나는 죽음만을 앞당길 것입니다. 나는 하느님께 도움을 청하고, 중독치료를 계속 받음으로써 알코올중독에서 회복하겠습니다.

오늘의 말씀

향락을 좋아하면 가난해지고, 술과 기름을 즐기면 잘 살지 못한다(잠언 21:17).

오늘의 묵상은 나에게 어떤 의미를 주고 있습니까?

오늘의 강의

알코올중독이 되면, 정신적인 무력함으로 술을 마시고 싶은 충동이 생긴다. 음주충동이 우리 생활을 지배한다. 사실 술을 마시고 다시 기분을 좋게 만들고 싶은 충동은 너무 강해서 억제하기 힘들고, 우리의 많은 가치들을 뒤흔들어 버린다.

술은 우리에게 중요한 것들인 가정, 직장, 행복, 성실, 희망의 가치들을 빼앗아 간다. 우리가 술을 마시고 좋았던 시간만을 기억하며, 어떤 대가를 치르더라도 술을 마시기를 원한다. 술에 대한 충동이 없어지지 않는다.

우리가 알코올중독이 되었다고 해서 항상 술 생각을 하는 것은 아니다. 그러나 음주충동은 마음속에 항상 숨어 있으며, 언제든지 다시 머리를 들 수 있다.

질문

1. 내가 술과의 이별을 두려워하는 이유는 무엇입니까?
2. 나는 음주충동이 일어나면 어떻게 대처하겠습니까?

오 · 늘 · 의 · 기 · 도

전능하신 하느님, 제가 과거 음주의 기쁨과 즐거움에 집착하지 말고, 단주에 대한 믿음을 가지게 하시고, 단주치료를 받아 중독에서 벗어나도록 저에게 용기와 도움을 주소서.

10일
알코올중독의 현주소를 정확히 알아야 회복된다

오늘의 묵상

나는 알코올중독 문제가 가진 진실을 인식하여 술을 절대로 마시지 않겠습니다. 알코올중독은 나를 조종하고 있으며, 나는 진실을 대면하는 것을 회피하였습니다. 또한 나는 알코올중독과 직면하는 것을 두려워하였습니다.

그러나 나는 알코올중독의 진실과 대면하겠습니다. 나는 알코올중독의 지배로부터 자유로워지기 위해 노력하겠습니다.

오늘의 말씀

잔에 따른 술 빛깔이 아무리 빨갛고 고와도 거들떠보지 마라. 결국 뱀처럼 물고 살무사처럼 쏠 것이다. 눈에는 이상한 것이 보이고 입에는 허튼 소리를 담게 된다(잠언 23:31-32).

오늘의 묵상은 나에게 어떤 의미를 주고 있습니까?

오늘의 강의

알코올중독의 무력함을 시인한다는 것은 우리가 자유로워지기 위한 방법이다. 우리는 알코올중독의 영향으로 건전하지 못한 정신, 숙취, 존경심을 상실하게 된다.

술은 우리를 편안하게 해주고, 인간관계를 원만하게 해주고, 스트레스를 해소해 주고, 건강에 도움을 주는 등 알코올의 장점만을 강조함으로써 술에 대한 거짓말을 정당화시켜 준다.

술에 대한 잘못된 생각들은 우리로 하여금 거짓말을 하게 하고, 거짓말을 자주 하다 보면 술에 대한 거짓말을 스스로 믿게 된다. 그러기 때문에 우리 자신의 알코올중독 문제에 대해 진실을 보지 못하고, 술을 중단했을 때의 고통과 불편함만을 생각하게 한다. 우리가 술에 대한 무력함을 시인할 때만이 잃어버린 우리 자신을 되찾을 수 있다.

질문

1. 내가 술의 무력함을 시인했을 때, 정말로 나 자신이 포기한 것은 무엇입니까?
2. 내가 술을 중단했을 때, 나에게 올 수 있는 장점들은 무엇이 있습니까?

오 · 늘 · 의 · 기 · 도

전능하신 하느님, 저의 알코올중독 질병이 무엇인지를 직면하도록 도와주시고, 술에 있어서 정직함이 저의 가장 좋은 친구임을 깨닫게 해주소서.

11일
교만을 버려야 알코올중독을 인정한다

오늘의 묵상

나는 "내가 알코올중독자이다"라는 사실을 은폐하며 살아왔습니다. 내가 알코올중독을 인정하는 데 방해물로 교만과 자만심, 술에 대한 미련, 술을 조절하여 마실 수 있다는 생각, 사회적인 낙인 등 많이 있었습니다. 나는 지금까지 알코올중독을 인정하지 않으려고 많은 방법들을 사용하였지만, 그것들은 더욱더 나를 심각한 알코올중독으로 만들었습니다.

나는 나 자신에게, 다른 사람들에게, 하느님에게 알코올중독을 솔직하게 인정하고, 정직한 사람으로 변화하겠습니다.

오늘의 말씀

사람의 눈에는 바르게 보이는 길도 끝에는 죽음에 이르게 할 수 있다(잠언 14:12).

오늘의 묵상은 나에게 어떤 의미를 주고 있습니까?

오늘의 강의

회복자들은 알코올중독자가 자신의 술의 무력함과 문제들을 인정하는 것이 얼마나 어려운지를 고백하고 있다. 알코올중독자는 어떻게 해서든지 술에 대한 무력함을 인정하지 않으려고 한다.

우리는 술을 마시는 것이 우리 자신을 어떻게 몸과 마음에 상처를 입히고, 나와 다른 사람들에게 얼마나 많은 상처를 주었는지를 보고 싶어 하지 않는다. 술로 인해 간 손상, 금단증상, 소화기장애 등이 있어도 술이 아닌 다른 원인으로 돌린다. 술에 대한 무력함을 시인하는 것을 방해하는 장애물은 사회적으로 이상적인 인간형을 모방하려고 하기 때문이다. 우리가 "알코올중독자"라는 낙인을 피하려고 알코올중독을 시인하는 것은 어렵다. 하지만 알코올중독자에 대한 사회적인 인식과 태도변화가 천천히 진행되고 있다. 알코올중독을 고혈압이나 당뇨병으로 인식하는 사람들이 증가하고 있다.

질문

1. 내가 알코올중독자란 사실을 인정하는 데 방해하는 장애물은 무엇입니까?
2. "알코올중독의 길"과 "단주의 길"은 어떻게 다릅니까?

오 · 늘 · 의 · 기 · 도

전능하신 하느님, 제가 교만과 자만심을 버리고, 알코올중독을 솔직하게 인정함으로써 단주를 실천하게 하소서.

12일
중독회복도 한 걸음부터 시작해야 한다

오늘의 묵상

나의 삶에는 내가 술에 취하지 않고 맑은 정신으로 선택해야 할 것들이 많습니다. 오늘 내가 가고 싶은 곳, 만나고 싶은 사람, 하고 싶은 것들이 많이 있습니다.

나는 하고 싶은 일들 중에서 오늘 술을 마시지 않고 사는 것을 선택해야 합니다. 술을 마시면 모든 것들이 수포로 돌아가기 때문입니다. 나는 오늘 술을 끊고, 단주 첫 걸음을 내딛음으로써 알코올중독회복을 위해 전진해 나가겠습니다. 단주와 중독회복을 위해 하루 한 단계씩 올라가야 합니다.

오늘의 말씀

슬기로운 사람은 집을 반석 위에 세웠기 때문에 무너지지 않는다(마태오 8:25).

오늘의 묵상은 나에게 어떤 의미를 주고 있습니까?

오늘의 강의

알코올중독에 대한 무력함을 시인하는 것은 건물의 기초를 다지는 것과 같다. 건물을 세우기 전에 기초가 튼튼해야 어떤 자연재해로부터도 견딜 수 있다. 우리가 술에 대한 나의 무력함을 완전히 시인했을 때, 중독회복의 기초가 굳어진다.

알코올중독에서 회복하기 위해서는 술에 대한 무력함을 당연하고 용기 있게 받아들여야 한다. 술에 대한 무력함을 이해하고 받아들이는 것은 알코올중독으로부터 회복하는 데 기초가 된다.

술의 무력함을 시인하는 것은 알코올중독 회복에 첫 발을 내디딘 것이다. 우리가 알코올중독을 올바로 이해했을 때, 술의 무력함도 이해하기 시작한다. 알코올중독이라는 병을 인정한다는 것은 결코 부끄러운 일이 아니다. 알코올중독자도 당뇨병이나 심장병을 가진 사람처럼 지속적으로 회복상태를 점검해야 한다.

질문

1. 내가 알코올중독으로부터 회복하기 위해 무엇이 기초가 되어야 합니까?
2. 내가 술에 대한 무력함을 인정하는 것이 알코올중독 회복에 얼마나 도움이 될 수 있습니까?

오 · 늘 · 의 · 기 · 도

전능하신 하느님, 제 삶에 알코올중독으로 인한 문제들이 있음을 깨닫도록 도와주소서. 그리고 제가 알코올중독에서 회복하기 위해 노력하게 하소서.

13일
부정은 단주를 방해한다

오늘의 묵상

단주는 지속적인 노력입니다. 나에게 손상을 주는 음주 특성, 음주 습관, 음주행동이 나의 일부라는 것을 기억해야 합니다. 그것들은 삶의 스트레스에 대한 무의식적인 반응입니다.

나는 자기 방어적인 행동과 겉으로 드러나는 반응을 알아차림으로써 음주에 있어서 나의 무력함을 인정하고, 하느님의 도움을 구해야 합니다. 하느님은 나를 위한 새로운 행동방식들을 열어주실 것입니다.

오늘의 말씀

자기가 무엇인가를 안다고 생각하는 사람은 마땅히 알아야 할 것을 아직 알지 못합니다(1코린토 8:2).

오늘의 묵상은 나에게 어떤 의미를 주고 있습니까?

오늘의 강의

알코올중독자들은 자신의 음주문제가 심각해도 대부분 부정으로 중독을 부정하는 태도를 보인다. 음주문제를 부정을 함으로써 죄책감, 후회, 불안감 등과 같은 고통을 차단한다.

중독에 대해 부정을 하는 알코올중독자들은 자신의 음주문제를 합리화하고, 정당화하고, 축소하고, 술을 얼마든지 조절하여 마실 수 있다고 말한다. 그리고 직장생활이나 사회생활을 하려면 어쩔 수 없이 술을 마셔야 한다고 강변한다.

하지만 술로 인해 신체적인 문제, 정신적인 문제, 영적인 문제, 가정적인 문제, 대인관계 문제가 불거지면 알코올중독에 대해 인정하며 시인하기도 한다.

질문

1. 알코올중독에 대한 부정이 어떻게 나의 진짜 문제를 보는 것을 방해했습니까?
2. 나의 삶에서 가장 강력한 통제가 필요한 부분은 무엇입니까?

오 · 늘 · 의 · 기 · 도

전능하신 하느님, 제가 술로 인해 많은 문제들이 일어나고, 신체적으로, 정신적으로, 영적으로 입은 피해들을 깨끗이 치유해 주소서.

14일
알코올중독은 술의 무력감을 가져온다

오늘의 묵상

내가 술로 인해 나의 삶을 어쩔 수 없다는 것을 인정하는 것이 내가 무력하다는 것을 인정하는 것만큼이나 매우 어렵습니다. 나는 현재 나 자신에 대한 진실을 숨기기 위한 수단으로 여전히 의지하고 있는 과거 음주에 관한 생각과 행동들을 관찰해야 합니다.

나는 가장하는 것을 중단하고, 음주행동에 대한 변명을 그만두고, 단주를 달성해야 합니다. 단주생활은 나 자신과 나의 삶을 재건할 수 있습니다.

오늘의 말씀

예수님께서 제자들과 호수 건너편으로 배를 타고 건너가는데, 거센 돌풍이 물이 배에 거의 가득 찼다. 제자들이 두려워하고 있을 때, 바람을 멎게 하셨다. 예수님께서는 제자들에게, "왜 겁을 내느냐? 아직도 믿음이 없느냐?" 하고 말씀하셨다(마르코 4:35-40).

오늘의 묵상은 나에게 어떤 의미를 주고 있습니까?

오늘의 강의

술에 무력한 사람은 자신이나 타인에 대한 약속을 지키지 못한다. 중독자들은 술을 줄이거나 마시지 않겠다고 약속한지만, 그 약속을 지키지 못하고, 또 술을 마신다.

알코올중독자들은 술을 마신 후에 "집으로 가겠다, 학교에 가겠다, 직장에 가겠다, 단주모임에 가겠다"고 약속하지만 지키지 않는다. 그들은 술에 너무 취했거나 블랙아웃으로 약속을 지키지 못한다. 그래서 알코올중독자들은 자신 스스로를 실망시키고, 신뢰를 상실하고, 다른 사람들도 그들에게 신뢰를 갖지 못한다.

질문

1. 사도들은 그들의 무력감 때문에 두려움과 의심을 느꼈습니다. 나는 지금 무엇을 가장 두려워하고 의심하고 있습니까?
2. 나의 인생에서 경험한 가장 커다란 어쩔 수 없는 것은 무엇이었고, 나의 음주 행동에 대한 변명들은 무엇입니까?

오 · 늘 · 의 · 기 · 도

전능하신 하느님, 제가 알코올중독으로부터 회복하는 데 모든 거짓과 의심을 버리게 하시고, 당신의 도우심으로 회복의 길을 걸어갈 수 있게 하소서.

15일
알코올중독이 되면 위해한 행동을 한다

오늘의 묵상

신체적 질병은 단지 내가 존재하는 것을 인정할 때, 치유를 시작할 수 있습니다.

마르코복음 10장 51절의 바르티매오가 소경이라는 것은 명백한 사실이었고, 그는 공개적으로 예수에게 자신의 실명을 치유해 달라고 부탁했습니다. 나도 나의 중독 사실을 깨닫기 전까지는 나의 회복의 진행은 차단될 것입니다. 나의 치유는 나의 중독문제들을 인정하고, 그것을 해결하기 위해 필요한 방법을 취할 때 시작됩니다.

오늘의 말씀

나는 참 포도나무요 나의 아버지는 농부이시다. 나에게 붙어 있어야만 많은 열매를 맺는다(요한 15:1-2).

오늘의 묵상은 나에게 어떤 의미를 주고 있습니까?

오늘의 강의

알코올중독이 되면 술에 무력하게 되고, 신체적으로나 정신적으로 술이 위해하다는 것을 알면서도 자주 알코올중독의 영향 아래 있게 된다. 그들은 직장에서 위험한 장비를 다루면서 혹은 운전을 하면서 만취해 있거나 숙취 상태일 수 있다.

음주운전으로 매년 많은 사람들이 죽어가고 있고, 술로 인한 많은 사고와 여러 가지 질병으로 죽어가고 있다. 알코올중독자들은 술을 조절하지 못하고, 술을 마시면 만취되거나 정신을 잃어버리는 상태에서 자신이나 타인에게 위해한 행동을 한다.

질문

1. 나는 술을 마신 상태에서 나와 다른 사람들에게 어떤 위험한 행동을 하였습니까?
2. 나는 나의 음주행동에 대해 어떤 변명을 하였습니까?

오 · 늘 · 의 · 기 · 도

전능하신 하느님, 제가 더 이상 술에 취해 저와 다른 사람들에게 위해한 행동을 하지 않게 해주시고, 언제나 올바른 정신으로 행동하게 하소서.

16일
주님을 초대할 때 중독치유가 시작된다

오늘의 묵상

내가 중독치료를 받고, 나의 삶의 외부조건을 바꾸려고 노력함으로써 변화가 일어납니다. 그러나 외부변화만으로 내면의 문제를 바로잡을 수 없습니다.

나는 술에 대한 무조건적인 항복과 함께 내면의 문제들을 찾아내고, 그것들을 치유해야 합니다. 그래서 내가 중독에서 진정한 치유를 시작할 수 있는 길은 나의 내면에서 시작되어야 합니다.

오늘의 말씀

그제야 제정신이 든 그는 이렇게 말하였다. "내 아버지 집에는 양식이 많아서 그 많은 일꾼들이 먹고도 남는데, 나는 여기에서 굶어 죽게 되었구나(루카 15:17).

오늘의 묵상은 나에게 어떤 의미를 주고 있습니까?

오늘의 강의

알코올중독자들은 중독으로 인한 문제들에 대해도 전혀 인정하지 않고, 술을 끊을 생각을 전혀 하지 않는다. 그들은 시간만 있으면 술을 마실 생각으로 가득 차 있다.

알코올중독자들은 자신의 중독문제에 대해 회피하거나 변명하고, 부정을 한다. 가족들이나 주위 사람들이 그들에게 술 문제에 대해 말하면 화를 내기도 한다.

알코올중독자들은 술 문제에 있어서 방어적인 태도를 보인다. 알코올중독의 원인이나 술을 마시는 이유가 자신에게 있다고 인정하지 않고, 오히려 외부환경이나 다른 사람들에게 있다는 잘못된 생각을 가지고 있다.

질문

1. 방탕한 아들의 자기중심적인 삶을 살기로 한 결정은 그의 삶을 무력하게 만들었고, 그의 삶을 어찌할 수 없게 한 원인이었습니다. 나는 어떤 방식의 아들을 좋아합니까?
2. 과거에는 환경을 조작함으로써 삶의 상태를 어떻게 변화시키려고 노력했습니까?

오 · 늘 · 의 · 기 · 도

전능하신 하느님, 제가 알코올중독의 원인을 외부나 다른 사람들에게 전가시키지 않고, 오로지 저에게 중독의 원인이 있음을 인정하게 하소서.

17일
나는 술로 인해 자주 무력하게 되었다

오늘의 묵상

나의 믿음이 성장하고 중독으로부터 회복이 진행됨에 따라 내가 혼자가 아니라는 것을 알게 됩니다. 하느님은 "나에게 성령을 보내시어 나를 쓸쓸하게 내버려두지 않을 것이다"라고 말씀하셨습니다.

머지않아 나는 하느님의 영원불변성을 알게 될 것입니다. 우선은 매일 사람, 사건, 사물들에 대한 어쩔 수 없음과 나의 무력함을 수용할 수 있는 새로운 기회입니다.

오늘의 말씀

나는 내가 해야 하겠다고 생각하는 선은 행하지 않고 해서는 안 되겠다고 생각하는 악을 행하고 있습니다(로마 7:19).

오늘의 묵상은 나에게 어떤 의미를 주고 있습니까?

오늘의 강의

술에 무력하게 된 알코올중독자들은 자신들이 한 일을 전혀 기억하지 못하는 경우들이 많다. 그들은 술을 마시고 만취되었기 때문이다.

사람들을 만나 대화를 나누었던 내용들, 술자리가 언제 끝났는지, 집에 어떻게 왔는지를 기억하지 못하는 경우도 있다. 자기가 했던 언행이 도무지 생각이 나지 않는다.

이것을 "블랙아웃"이라고 하는데, 알코올중독이 되면 이런 현상이 자주 일어나게 된다. "블랙아웃"은 처음에는 몇 분, 그러다가 몇 시간, 심해지면 며칠이 지속되기도 한다. 알코올중독자에게 이런 "블랙아웃"은 매우 두려운 일이다.

질문

1. 나는 술을 마시면서 어떤 "블랙아웃"이 있었습니까?
2. 나는 술의 무력함을 받아들이면, 하느님으로부터 어떤 위안이나 도움을 받습니까?

오 · 늘 · 의 · 기 · 도

전능하신 하느님, 제가 술에 있어서 저의 무력함을 솔직하게 인정할 수 있게 하시고, 더 이상 술로 인한 악을 저지르지 않게 해주소서.

18일
나는 술의 통제에서 벗어나야 한다

오늘의 묵상

내가 중독치료를 받으면서 회복을 향한 여정을 시작함에 따라, 나에게 새로운 삶의 의미가 주어질 것입니다. 나는 하느님 사랑으로부터 결코 분리될 수 없습니다.

하느님에 대한 나의 믿음과 나 자신에 대한 믿음, 그리고 다른 사람들에 대한 믿음은 나를 알코올중독에서 회복시켜 줄 것입니다. 나는 술의 무력함을 인정하면서 하느님 안에서 새로운 삶을 살겠습니다.

오늘의 말씀

나는 그리스도의 힘이 나에게 머무를 수 있도록 더없이 기쁘게 나의 약점을 자랑하렵니다. 내가 약할 때에 오히려 강하기 때문입니다(1고린 12:9-10).

오늘의 묵상은 나에게 어떤 의미를 주고 있습니까?

오늘의 강의

사람은 누구든지 자신의 실패나 패배를 인정하지 않으려고 한다. 하지만 알코올중독이 되면서부터 술에 대한 조절력을 상실하고, 삶은 자신이 통제할 수 없는 상태가 된다. 그런데도 자신은 얼마든지 술을 통제할 수 있다는 망상을 가진다.

술의 조절력을 상실한 알코올중독자들은 자신들의 행동에 대해서도 조절능력을 상실한다. 맑은 정신이나 단주상태에서는 하지 못할 일들을 한다. 술을 마신 후에 사랑하는 사람이나 가족들에게 신체적인 폭력을 하고, 다른 사람들과 싸우고, 비윤리적인 행동을 하여 인간의 품위를 상실한다.

질문

1. "내가 약할 때 오히려 나는 강하다"는 말씀은 나에게 무엇을 의미합니까?
2. 하느님은 알코올중독 회복에 필요한 능력을 가지고 있습니까?

오 · 늘 · 의 · 기 · 도

전능하신 하느님, 저의 술에 대한 무력함을 인정하고, 알코올중독의 유일한 탈출구는 지금 중독치료를 받는 것이라는 사실을 믿게 하소서.

19일
나는 술의 노예가 되었다

오늘의 묵상

나는 단주치료모임에서 알코올중독에 관해서 무엇을 배우며 깨달았고, 단주에 관한 결심을 하였는지 생각해야 한다.

첫째, 내 자신이 그동안 얼마나 술의 통제를 받아왔고, 술의 노예가 되었는지를 성찰해야 한다.

둘째, 내가 술을 마시던 삶을 회고해 보면, 모든 생활에서 퇴행적이었음을 고백합니다. 그러기에 술을 마실 때의 사고방식, 감정, 생활방식에서 완전히 벗어나도록 노력하겠습니다.

오늘의 말씀

여러분은 이 세상을 본받지 말고 마음을 새롭게 하여 새 사람이 되십시오(로마서 12:2).

오늘의 묵상은 나에게 어떤 의미를 주고 있습니까?

오늘의 강의

술이 우리를 강하고, 자신감이 넘치고, 편안한 마음 상태로 만들어 줄 것 같지만, 그것은 미끼에 불과하다. 술이 우리에게 자유를 줄 것으로 생각했지만, 그 결과는 노예로의 전락이다.

스토우가 지은『톰 아저씨의 오두막집』이라는 소설을 읽어보면, 주인이 노예들을 때려서 불구로 만들고, 심지어는 죽이며, 노예들은 가정을 이루지 못하고 남편과 아내, 자녀들이 팔려나갔다.

이 소설을 읽으면, 마치 중독증에 관한 글을 읽는 것 같은 느낌이 든다. 술은 사람을 죽음으로 몰아가고, 가정을 파멸로 이끌고, 마음을 황폐화시키기 때문에, 알코올중독자들은 삶을 지탱하기 위해 노예처럼 다시 술을 마시게 된다.

질문

1. 내가 술의 노예로 전락하였다고 생각합니까?
2. 내가 단주결심을 하는 데 방해물은 무엇입니까?

오 · 늘 · 의 · 기 · 도

전능하신 하느님, 저는 그동안 술이 주는 미끼와 덫에 걸려 술의 노예처럼 살았기에 저를 노예와 같은 삶에서 구해주소서.

20일
내 생애의 가장 중요한 일은 단주이다

오늘의 묵상

내가 지금 술을 마시지 않고 지내는 것은 하느님의 도움으로 가능하다고 생각합니다. 그리고 지금 나의 가장 큰 결단은 단주를 하겠다는 것입니다.

앞으로 내 생애의 모든 행동 중에서 가장 중요하고 우선으로 해야 일은 단주가 되어야 합니다. 왜냐하면 내가 단주를 할 때만이 하느님을 진정으로 사랑할 수 있고, 나의 사명에 충실할 수 있고, 언제나 당당하고 정직한 삶을 살 수 있기 때문입니다.

오늘의 말씀

죄의 대가는 죽음이지만 하느님께서 거저 주시는 선물은 그리스도 예수와 함께 영원한 생명입니다(로마서 6:23)

오늘의 묵상은 나에게 어떤 의미를 주고 있습니까?

오늘의 강의

술이 우리의 몸과 정신, 사회생활, 가정생활 등 많은 면에서 악영향을 주었다. 이제는 술이 우리에게 미치는 영향들을 살펴보고 단주에 대한 결정을 해야 한다.

우리가 그동안 술을 어떻게 마셔왔는지, 술로 인해 얼마나 많은 문제들이 발생하였는지를, 술이 인생의 목표와 가치에 합당한 생활을 하게 하였는지, 술을 통제할 수 있었는지를 냉정하게 성찰할 필요가 있다.

이제까지 우리 삶에 악영향을 주었던 점들을 살펴보고, 더 이상 술에 무력하거나 노예의 삶이 되지 말아야 한다.

질문

1. 술이 나에게 어떤 면에서 나쁜 영향을 주었습니까?
2. 내가 단주를 하는 것이 나의 삶에서 가장 중요하고 첫 번째로 해야 할 일이라고 생각합니까?

오 · 늘 · 의 · 기 · 도

전능하신 하느님, 저는 술을 통제할 수 없었고, 저의 삶에 악영향을 주었기에 저의 음주에 대해 솔직하게 성찰할 수 있는 지혜와 마음을 주소서.

21일
나는 술에 항복합니다

오늘의 묵상

나는 술을 마실 때 매우 완고하고 귀가 멀어서 "제발 술을 끊으라"는 다른 사람들의 충고도 듣지 않았습니다. 나의 술 문제에 대해 말하면, 나는 예민하게 반응하며 화를 냈습니다.

그러나 지금은 알코올중독 치료를 받으면서 과거 내가 얼마나 잘못된 생각을 하였고, 술에 대해서 교만하였는지를 반성합니다. 이제는 "내가 술에 졌다. 술에 항복합니다"라는 말을 하면서 겸손한 마음으로 알코올중독 치료를 받고, 앞으로 단주생활을 철저하게 해나겠습니다.

오늘의 말씀

나는 과연 이성으로는 하느님의 법을 따르지만 육체로는 죄의 법을 따릅니다(로마서 7:25).

오늘의 묵상은 나에게 어떤 의미를 주고 있습니까?

오늘의 강의

알코올중독자들은 진심으로 그들이 술에 의존하였으며 무력하였고, 술이 자기들의 생활을 올바로 처리하지 못하게 만들었다는 것을 이해해야 한다. 마음을 편안하게 해주고, 기분을 조절하는 술을 마시는 한 정상적인 생활을 할 수 없다.

알코올중독자들이 술에 항복할 수 있는 가장 좋은 방법은 그들이 술을 마심으로써 생긴 문제들을 반복해서 보여주는 일이다. 알코올중독자들은 술을 마시면 전혀 예측하지 못했던 일들이 일어난다. 알코올중독자들이 술을 마시면 음주운전을 하여 사고를 낼 수도 있고, 성폭력이 일어날 수도 있고, 살인을 저지를 수도 있다는 것을 깨달아야 한다. 중독자가 술에 항복하는 것은 술에 승리하는 것이다.

질문

1. 나에게 누가 단주를 말했을 때, 나는 어떤 반응을 보였습니까?
2. 나는 지금 술에 완전히 항복하였다고 생각합니까?

오 · 늘 · 의 · 기 · 도

전능하신 하느님, 제가 알코올중독자로서 술에 항복하는 것은 술에 지는 것이 아니라, 술에 완전히 승리한다는 것을 깨닫게 해주소서.

22일
술이 나의 모든 삶을 통제하였다

오늘의 묵상

지금까지 나의 삶은 술로 인해 통제 불능 상태였습니다. 알코올중독은 나의 삶과 모든 일들을 지배하고 통제하였습니다. 그래서 나는 나의 삶을 내 마음대로 할 수 없었습니다.

단주치료가 알코올중독을 벗어나게 해주고, 정직한 삶을 살게 만들어 줄 것입니다. 나의 영적인 여정은 시작되었습니다. 이제부터라도 술을 온전히 끊고, 영적으로 성장해야 합니다.

오늘의 말씀

술자리를 뜰 줄 모르고 “아무리 때려 보아라. 아프지도 않다. 아무리 맞아도 아무렇지도 않구나. 술이 깨면 또 마셔야지” 하고 말한다 (잠언 23:35).

오늘의 묵상은 나에게 어떤 의미를 주고 있습니까?

오늘의 강의

술에 대한 속박은 술을 마시는 기간이나 양이 늘어날수록 더 심각해진다. 알코올중독자는 술의 효과를 보기 위해 전보다 더 많은 양을 마시게 되고, 많은 문제들이 발생한다. 그래서 술을 중단하려고 하지만, 금단증상이 나타나 고통을 준다.

이런 상태가 되면, 제정신이 아니고 뇌의 변화도 온다. 알코올중독이 된 사람은 자기 삶을 자기가 통제하는 것이 아니라, 술이 자기 삶을 통제하게 되어 자유마저 팔아넘긴다.

알코올중독은 그들의 생각, 감정, 행동마저 지배하게 되어 삶의 중심을 차지하고, 진리를 거부하게 만들고, 하느님의 나라에서 멀어지게 한다.

질문

1. 나는 술로 인해 어떤 금단증상들이 있었습니까?
2. 술이 나의 삶을 지배하고 속박하였다고 생각합니까?

오 · 늘 · 의 · 기 · 도

전능하신 하느님, 제가 알코올중독의 지배와 속박에서 풀려나게 하소서. 그리고 매 순간 올바른 선택을 함으로써 영적인 성장을 하게 하소서.

23일
술에 취하면 나의 삶을 조절할 수 없다

오늘의 묵상

나는 알코올중독이 되면서 술은 나의 생각, 감정, 행동에 직접적으로 많은 영향을 주었습니다. 나는 어떤 날에는 술에 취해서 내가 할 일을 처리하지 못하고, 다른 사람들과의 약속을 지키지 못했습니다. 가족들에게 폭력을 행사하고, 다른 사람들과 싸우기도 하였습니다.

나는 술을 마시고 만취하면, 나의 행동을 조절할 수 없었기에 이제는 단주를 함으로써 올바른 생각, 감정, 행동을 하며 살도록 노력하겠습니다.

오늘의 말씀

악을 행하지 말아라. 해를 입지 않으리라(집회서 7:1).

오늘의 묵상은 나에게 어떤 의미를 주고 있습니까?

오늘의 강의

술을 마심으로써 기분을 변화시키기 때문에 생활을 정상적으로 처리할 수 없음은 당연한 결과이다. 자동차 운전을 하는 사람이 술에 취한 상태에서는 올바른 운전을 할 수 없다.

음주운전, 취중에 폭행이나 폭력, 성추행 등 무질서한 행동으로 법적인 문제들이 일어난다. 술에 취하면, 술이 이끄는 대로 행동한다.

알코올중독은 우리의 생각, 감정, 행동에 직접적인 나쁜 영향을 준다. 자신을 통제할 수 없을 만큼 술을 마시고 블랙아웃이 되면, 비이성적인 행동을 한다. 음주는 시간을 낭비하게 하고, 책임을 다하지 못하게 만든다. 어떤 경우이든 술은 생활을 정상적으로 처리할 수 없게 한다.

질문

1. 내가 알코올중독이 되어 "생활을 처리할 수 없게 되었다"는 것은 무슨 의미입니까?
2. 내가 술을 마심으로써 지키지 못한 중요한 약속들은 무엇이 있었습니까?

오 · 늘 · 의 · 기 · 도

전능하신 하느님, 저는 지금까지 알코올중독이 되어서 술을 조절하지 못하고, 술에 취해 저의 삶을 엉망으로 만들었나이다. 이제는 단주를 함으로써 저의 삶을 올바로 살게 하소서.

24일
알코올중독자는 자기중심적이다

오늘의 묵상

나는 알코올중독으로 완전히 자기중심적이었고, 나의 삶은 너무나 무질서하였습니다. 그리고 오직 한 가지 생각은 더욱더 술을 마시겠다는 것뿐이었습니다.

하지만 내가 이제까지 마셔왔던 술을 끊고 새로운 삶을 산다면, 다시 가족들이나 친구들과의 관계를 새롭게 복원할 수 있을 것입니다. 내가 자기중심적인 태도의 삶에서 영적인 중심의 삶으로 변화하면, 알코올중독에서 회복할 수 있습니다.

오늘의 말씀

자기 이익만을 생각하면서 진리를 물리치고 옳지 않은 것을 따르는 사람들에게 하느님은 진노와 벌을 내리실 것입니다(로마서 2:7).

오늘의 묵상은 나에게 어떤 의미를 주고 있습니까?

오늘의 강의

인간은 대부분 자신의 욕구를 충족시키기 위해 많은 시간을 할애한다. 알코올중독자는 많은 시간과 에너지를 술을 마시는 데 쏟아붓는다. 그래서 타인에 대한 관심과 배려를 하기보다는 술 중심의 자기중심적인 태도의 삶을 살게 된다.

이런 이기주의적인 성격적 결함은 알코올중독이라는 질병을 더욱더 악화시킨다. 경제적인 면에서 가족들에게 관심도 없고, 돈이 생기면 오로지 자기가 술을 마시는 데 사용한다.

가족들이나 사람들과의 인간관계에서도 불신이 쌓이게 되고, 사람들로부터 고립되게 만든다. 알코올중독에서 회복하기 위해서는 이기주의적이고 자기중심적인 태도의 삶을 깨트리고, 우리의 생각과 행동을 하느님을 향한 영적인 중심으로 변화해야 한다. 그러면 나와 타인들, 하느님과의 관계가 회복되고, 영적 중심의 삶을 살 수 있게 될 것이다.

질문

1. 나는 이제까지 나의 시간과 에너지를 술을 마시는 데 얼마나 사용했습니까?
2. 알코올중독이 나로 하여금 자기중심적인 태도의 삶을 살도록 만들었다고 생각합니까?

오 · 늘 · 의 · 기 · 도

전능하신 하느님, 저는 너무나 많은 시간과 에너지를 술을 마시는 데 사용하였음을 통회합니다. 앞으로는 제가 알코올중독에서 회복하여 하느님과 가족들을 사랑하게 해주소서.

25일
알코올중독 인정이 회복의 첫걸음이다

오늘의 묵상

성리서(性理書)에 "남의 선한 일을 보거든 자기의 선을 찾아보고, 남의 악을 보거든 자기의 악을 찾아야만 바야흐로 도움이 있게 된다"라고 쓰여 있습니다. 이 글처럼 나는 나의 중독문제와 증상들을 바라보면서 중독을 인정하겠습니다.

내가 알코올중독자임을 받아들이는 것이 술로 인한 모든 문제들의 해결책이 될 것입니다. 이제부터라도 참된 인생을 살기 위해서 단주를 철저히 하겠습니다.

오늘의 말씀

나는 나에게 유익했던 것들을 다 장해물로 생각하고, 그리스도를 위해서 나에게 유익한 것들을 해로운 쓰레기로 여기고 있습니다(필립비 3:7-8).

오늘의 묵상은 나에게 어떤 의미를 주고 있습니까?

오늘의 강의

어떤 사람은 생선만 먹으면 두드러기가 나고 가려움이 생기는 사람이 있는데, 자기가 생선을 먹지 못한다고 해서 투덜거리거나 당뇨병 환자가 단 음식을 먹지 못한다고 하여 불평하는 것은 바보같은 행동이다. 만일 신체적인 제약을 무시하고 자신에게 해로운 음식을 먹으면 건강을 해치게 되고, 심각한 병으로 진행될 수 있다.

알코올중독자는 술이 나의 신체와 정신, 영혼에 순기능적인 영향을 미쳤는지, 또는 악영향을 미쳤는지를 냉철하게 살펴보아야만 한다. 한번 신체적으로나 심리적으로 알코올중독이 되면, 화학적으로 바꿀 수 없고, 정상적이고 절제력이 있는 음주로 되돌아갈 수 없다. 내가 알코올중독 상태일 때는 소금에 절인 오이지가 다시 생오이가 될 수 없듯이, 정상적으로 술을 마실 수 없다. 이미 알코올중독이 되었다면, 체면이나 수치심을 버리고 "나는 알코올중독자입니다"라고 인정하는 것이 회복의 첫걸음이 될 수 있다.

질문

1. 나는 술로 인해 주위 사람들로부터 단주에 대한 권고를 받은 적이 있습니까?
2. 나는 술을 끊고 새로운 생활을 하려는 마음이 있습니까?

오 · 늘 · 의 · 기 · 도

전능하신 하느님, 제가 단주를 하는 데 해로운 모든 것을 물리쳐 주시어, 건강한 몸과 술에 취하지 않고 오늘 하루를 살도록 도와주소서.

26일 단주는 오로지 나의 선택에 달려 있다

오늘의 묵상

내가 단주결단을 내리는 것은 쉬운 일이 아니었습니다. 하지만 좋은 금을 만들기 위해서는 금에 있는 불순물들을 정제해야만 하듯이, 나 역시 단주하기 위해서는 술에 대한 욕망들을 모두 끊어야만 합니다.

단주치료를 받기까지 여러 가지의 이유들과 핑계들이 뿌리 깊게 자리 잡고 있었습니다. 내가 단주치료를 결심하면, 비로소 먹구름이 걷히듯 술에 대한 욕심과 갈등이 사라질 것입니다.

오늘의 말씀

주님의 날은 갑자기 들이닥칠 것입니다. 여러분은 밤에 술을 마시고 취해서는 안 되고, 정신을 똑바로 차리고 믿음으로 무장을 하고 구원의 희망으로 투구를 씁시다(1데살로니카 5:3-8)

오늘의 묵상은 나에게 어떤 의미를 주고 있습니까?

오늘의 강의

우리가 알코올중독에 걸려 있다는 진단을 받았다 하더라도 술을 끊겠다는 결정을 내리는 것은 쉽지 않다. 알코올중독자들은 변명이나 합리화로 일관하면서 자신의 음주를 정당화하며, 자신이 정상적인 음주자라고 강하게 주장하기도 한다.

어떤 중독자는 알코올중독에 대한 무지와 오해로, 알코올중독으로 인해 사고나 감정이나 의지가 황폐화되어 버렸기 때문에, 중독의 심각성을 깨닫지 못한다. 술을 끊는 두려움, 수치심, 불안 등이 단주결정을 내리는 데 장해물이 된다.

알코올중독이라는 판정을 받고 부정하거나 치료를 연기하는 것은 중독을 더욱더 악화시킬 뿐이다. 알코올중독자에게 있어서 '적당히 마시기'와 '절주'는 결코 도움이 되지 않는다. 그러기에 인생에서 술을 선택할 것인지, 단주를 선택할 것인지는 중요한 문제이다.

질문

1. 내가 단주결심을 하는 데 망설이고 갈등을 겪는 이유는 무엇입니까?
2. 나는 단주를 할 어떤 동기나 계기가 생겼습니까?

오 · 늘 · 의 · 기 · 도

하느님, 저를 황폐화시키고 타락한 삶으로 이끌었던 술을 끊게 하시고, 단주를 선택함으로써 참사랑과 참행복을 누리게 하소서.

27일
알코올중독자는 사명과 역할을 다하지 못한다

오늘의 묵상

나는 이 세상을 살아가면서 내 사명과 역할을 전심전력으로 다해야 합니다. 술에 마음이 쏠리고 술에 집착하여 아까운 시간을 낭비해서는 안 됩니다.

술은 나의 사명과 역할을 엉망으로 만들었고, 이 세상의 소중한 일에 무관심하게 하였습니다. 나는 술을 완전히 끊고, 나의 사명과 역할에 최선을 다할 수 있도록 모든 능력을 쏟아붓겠습니다.

오늘의 말씀

네 의욕과 정력만을 믿고서 탐욕에 빠지는 일이 없도록 하여라(집회서 5:2)

오늘의 묵상은 나에게 어떤 의미를 주고 있습니까?

오늘의 강의

우리가 살아오면서 삶의 목표를 일관되게 성취하지 못했다면, 삶을 올바로 처리할 수 없었다고 말할 수 있다. 알코올중독자들은 자기들의 목표와 역할에 노력을 하였지만, 술로 인해 아직도 성취하지 못했을 수도 있다. 그러다보면 목표나 역할을 줄이기도 하고, 중도에 완전히 포기하기도 한다.

알코올중독자들은 학교에 진학하겠다, 좋은 직장을 구하겠다, 취미활동을 하겠다, 새로운 공부를 하겠다, 종교활동을 열심히 하겠다는 등 목표를 가진 적이 있다. 하지만 대부분 목표들을 이루지 못했다. 그러면서 목표를 달성하지 못한 이유를 남이나 외부 탓으로 돌린다. 알코올중독자들은 어떤 목표들을 향해 훌륭하게 출발하지만, 언제나 초라한 마지막 주자이다.

질문

1. 나는 술에 집착함으로써 나의 사명과 역할을 다하지 못했습니까?
2. 나에게 있어서 술이 삶의 목표를 달성하는 데 얼마나 방해가 되었습니까?

오 · 늘 · 의 · 기 · 도

전능하신 하느님, 내가 더 이상 술에 집착하지 않도록 기도드리오니, 저의 사명과 역할에 최선을 다할 수 있도록 도와주소서.

28일
알코올중독자는 거짓말쟁이다

오늘의 묵상

나는 술을 마시기 위해 거짓말을 하게 되고, 나의 음주행동에 대해서도 거짓말을 합니다. 거짓말을 하는 사람은 삶의 반절만 살고 있는 것입니다.

왜냐하면 내가 한 거짓말이 탄로날까 봐 걱정과 두려움에 떨고 있기 때문입니다. 내가 알코올중독치료를 받고 정직하게 될 때 무거운 짐은 나의 어깨에서 떨어질 것입니다.

오늘의 말씀

거짓말쟁이의 소득은 치욕뿐이며, 그가 받는 불명예는 한이 없다 (집회서 20:26).

오늘의 묵상은 나에게 어떤 의미를 주고 있습니까?

오늘의 강의

만일 어떤 사람이 자신의 규칙과 도덕 가치를 어긴다면, 자기 생활을 책임지고 있다고 말할 수 없다. 알코올중독자들은 술을 지속적으로 마시기 위해서 자신들이 가지고 있는 가치와 타협한다.

거짓말을 하지 않겠다는 가치관을 가지고 있었지만, 어떻게 되었든지 간에 거짓말을 한다. 남의 물건에 대해 도둑질을 하지 않겠다는 가치관을 가지고 있었으나, 어떻게든 도둑질을 한다. 자기들의 배우자나 가족들에게 충실하고 신의를 지키겠다는 가치관을 가지고 있었으나, 술에 취하거나 중독 상태에서는 더 이상 충실함과 신의가 남아있지 않다. 알코올중독자는 중독이 심각해질수록 자신들이 가지고 있던 가치와 도덕성이 하나둘씩 떨어진다.

질문

1. 나는 술을 마신 것을 감추기 위해 거짓말을 하였습니까?
2. 나는 술을 마시기 위해 도둑질을 하였거나 법을 어긴 적이 있습니까?

오 · 늘 · 의 · 기 · 도

전능하신 하느님, 제가 술로 인한 거짓말을 하지 않게 하시고, 중독치료를 열심히 받아 정직한 삶을 살게 도와주소서.

29일 중독치료보다도 우선 단주를 해야 한다

오늘의 묵상

나는 지금까지 술을 마시면서 음주문제들을 계속 일으켜 왔습니다. 술은 신체적인 문제만이 아니라, 정신적인 문제들과 대인관계 문제들도 일으켰습니다. 나는 음주문제들로 인해 더욱더 위축되었고, 사람들로부터 소외되었습니다. 결국 나는 나의 몸, 정신, 대인관계에 많은 문제들을 가져왔습니다.

나는 알코올중독 치료를 받음으로써 신체적이고 정신적인 문제들, 대인관계 문제들을 해결하겠습니다.

오늘의 말씀

술에 취하면 광기를 일으켜 스스로를 해치고 기운이 쇠진하여 부상을 입게 된다(집회서 31:30).

오늘의 묵상은 나에게 어떤 의미를 주고 있습니까?

오늘의 강의

알코올중독자는 오랜 기간 동안 술을 마셨기 때문에, 그것이 원인이 되어 여러 가지 질병이 일어난다. 신체장애를 일으키는 원인으로 첫째는 알코올 장기독성이며, 둘째는 영양장애이다. 그리고 술로 인한 심장질환, 말초신경장애, 뇌신경장애, 당뇨병, 두통, 위궤양, 구토, 간경화 등의 질환이 생기고, 알코올성 정신병과 치매 등도 생긴다.

술이 원인이 되어 일어난 질병들을 치유하려면, 신체적인 치료보다도 우선 단주를 해야 하며, 알코올중독 치료를 받지 않는 한 결코 나을 수 없다.

질문

1. 나는 술로 인한 신체적인 문제, 정신적인 문제, 대인관계 문제는 어떤 것들이 있었습니까?
2. 내가 알코올중독 치료를 받으면, 술로 인한 나의 문제들이 해결된다고 생각합니까?

오 · 늘 · 의 · 기 · 도

전능하신 하느님, 저는 지금까지 술로 인해 많은 문제들을 일으켜 왔으나, 지금부터라도 중독치료를 열심히 받아 문제들을 해결하려 하오니 저를 도와주소서.

30일 단주성공은 새로운 삶이다

오늘의 묵상

단주성공은 단지 술만을 끊고 단주를 하는 것만을 의미하지 않습니다. 진정한 단주생활은 내가 하느님을 내 마음에 모시고, 새로운 삶을 사는 것입니다. 알코올중독자는 아침에 일어나는 순간부터 술만 생각하고, 술이 모든 생활의 중심입니다.

그러기에 나는 오늘 술 없이 맑은 정신으로 살아가며, 술의 어떤 유혹에도 지지 않고, 하느님이 좋아하고 원하는 일들을 하겠습니다.

오늘의 말씀

어떠한 종도 두 주인을 섬길 수 없다. 한쪽은 미워하고, 다른 쪽은 사랑한다(로마서 7:25).

오늘의 묵상은 나에게 어떤 의미를 주고 있습니까?

오늘의 강의

음주충동은 장기간의 반복적인 음주결과이며, 단주 후에도 자주 나타난다. 이러한 현상은 술만이 아니라, 모든 중독에 해당된다. 음주충동의 유발인자는 우울감, 분노, 스트레스와 같은 내적 요인과 사람들과 의견충돌, 술 마시던 사람과 장소와 같은 내용들이 있다.

우리가 음주충동을 유발하는 상황에 노출되더라도 음주충동을 이겨내면, 재발하지 않고 단주를 계속 할 수 있다. 음주충동을 가장 빠르고 확실히 없앨 수 있는 방법은 단주밖에 없다. 매일 단주묵상을 충실히 하고, 단주치료모임에 열심히 참석하면 음주충동을 막을 수 있다.

질문

1. 내가 단주생활을 하면, 어떤 기쁨과 보람을 얻을 수 있다고 생각합니까?
2. 하느님이 진정으로 원하시는 단주생활은 무엇입니까?

오 · 늘 · 의 · 기 · 도

전능하신 하느님, 제가 오늘 하루 술의 어떤 유혹과 충동에도 넘어가지 않도록 도와주시고, 온 마음으로 당신과 가족들을 사랑하며 지내게 하소서.

지금 필요한 것은

지금 필요한 것은
술을 끊는 일

지금 해야 할 것은
술에 가까이 가지 않는 일

지금 알아야 할 것은
술을 마시면 죽는다는 일

(“그때 술을 마시지 않았더라면” 허 근 시집에서)

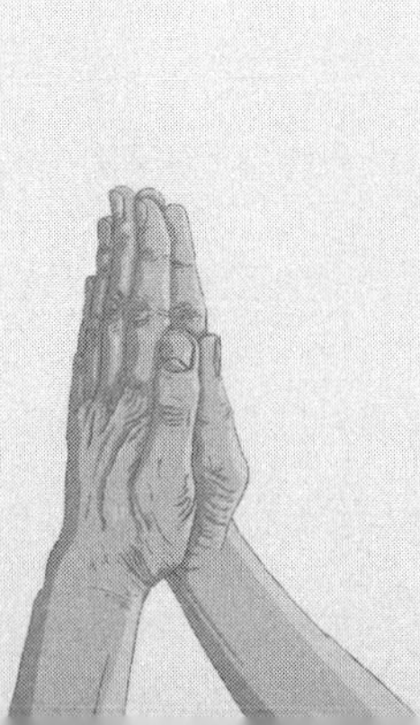

3

알코올중독 회복의 확신과 건전한 본 정신으로 돌아감

우리보다 위대하신 "힘"이 우리를 건전한 본 정신으로
돌아오게 해주실 수 있다는 것을 믿게 되었다.

2단계를 위한 기도

하느님, 저는 저보다 더 큰 힘을
믿게 되도록 열린 마음을 위해 기도합니다.

저는 겸손함과 믿음으로
지속적인 단주를 위해서 기도합니다.

저는 더 이상 술로 인해
미치광이가 되고 싶지 않습니다.

31일
하느님은 회복에 대한 자신감과 희망을 준다

오늘의 묵상

나보다 더 위대한 하느님의 능력을 믿기 위해서는 믿음이 필요합니다. 나의 삶에서 술이 하느님의 믿음을 무가치하게 만들었고, 하느님의 능력을 믿지 않았습니다.

이제 나는 알코올중독에서 회복하기 위해서 하느님에 대한 굳은 믿음을 가져야 합니다. 하느님의 힘과 능력은 우리가 볼 수 없거나 만질 수 없기에 비현실적인 것처럼 보일 수도 있습니다. 하지만 우주의 존재 자체만으로도 하느님의 참된 힘과 사랑, 그리고 위대함의 증거가 충분합니다.

오늘의 말씀

네 믿음이 너를 구원하였다(루가 7:50).

오늘의 묵상은 나에게 어떤 의미를 주고 있습니까?

오늘의 강의

단주를 성취하기 위한 제1단계의 도움으로 우리는 무력하고 우리의 삶이 통제할 수 없다는 사실에 대처하게 되었다. 다음 단계는 우리보다 더 위대한 힘의 존재를 인정하는 것이다.

2단계에서 우리는 다른 관점에서 하느님을 경험할 수 있는 기회를 가진다. 예수님께서는 요한 14:26에서 예수님의 이름으로 성령을 보내시어 우리에게 말씀하신 모든 것을 가르쳐 주시고, 모두 되새기게 하여주실 것이라고 말씀하셨다. 2단계에서 우리는 우리의 관계를 재정립하기 시작하거나, 처음으로 하느님의 관계를 정립하기 시작한다. 이 단계는 우리보다 더 위대하신 힘을 가진 하느님에 대한 믿음을 경험할 수 있는 기회를 제공한다. 하느님과의 관계는 발전하여 알코올중독 회복의 필수적인 부분이 될 것이다.

질문

1. 음주 때문에 하느님과의 관계를 멀게 만든 원인들을 열거해 보십시오.
2. 나는 하느님에 대한 믿음으로 알코올중독에서 회복할 수 있다는 것을 믿습니까?

오 · 늘 · 의 · 기 · 도

믿음을 주시는 하느님, 제가 알코올중독으로부터 회복하기 위해 저보다 더 위대한 당신의 능력을 믿는 믿음을 주시어 회복의 길로 나가게 하소서.

32일
하느님께로 향한 가장 작은 첫 걸음이 회복의 길이다

오늘의 묵상

믿음은 겨자씨와 같습니다. 작은 믿음으로 시작하지만, 성장하여 나의 삶에 많은 영향을 미칩니다. 작은 믿음으로 충분하다고 생각하는 것은 잘못된 것입니다.

겨자씨와 같은 믿음은 단지 시작일 뿐이듯이, 하느님께 대한 저의 작은 믿음은 알코올중독에서 회복할 수 있는 시작입니다. 믿음의 성장, 발달, 성숙은 내가 원하는 것입니다.

오늘의 말씀

예수께서 말씀하셨다. "너희의 믿음이 약한 탓이다. 나는 분명히 말한다. 너희에게 겨자씨 한 알만한 믿음이라도 있다면, 이 산더러 '여기서 저기로 옮겨져라' 해도 그대로 될 것이다. 너희가 못할 일은 하나도 없을 것이다"(마태오 17:20).

오늘의 묵상은 나에게 어떤 의미를 주고 있습니까?

오늘의 강의

술을 마시지 않는 것과 술을 마시지 않고 생활하는 것과는 차이가 있다. 우리가 술을 마시지 않기 위해서는 살아오면서 믿어왔던 생각을 변화시키고, 기분을 변화시키는 술에 무력했음을 시인할 필요가 있다.

그러나 단주를 하면서 살아가기 위해서는 하느님을 믿어야 한다. 술은 우리를 파괴시켰지만, 우리를 파괴시키지 않을 위대한 힘을 가진 하느님을 믿어야 한다.

우리가 알코올중독으로부터 회복하기 위해 "우리 자신보다 위대하신 힘"이신 하느님을 발견하고, 믿는 것이 중독회복의 시작이다.

질문

1. 겨자씨 같은 믿음은 마치 하느님이 우리 삶의 딜레마를 해결할 수 있다는 확신과 함께 뒤섞인 희망과도 같습니다. 삶의 어느 부분이 하느님께서 나에게 주신 '겨자씨 같은 믿음'입니까?
2. 알코올중독 회복이 하느님께 대한 믿음의 성장과 성숙을 가져올 수 있다고 생각합니까?

오 · 늘 · 의 · 기 · 도

믿음을 주시는 하느님, 제가 겨자씨와 같은 믿음으로 알코올중독에서 올바로 회복하도록 도와주소서.

33일
하느님의 힘이 단주성공을 보장한다

오늘의 묵상

내가 믿음을 갖게 되면서 하느님의 성령이 항상 내 안에 있다는 것을 알아내는 것은 즐거운 발견입니다. 하느님은 나와 친밀한 관계를 나누고 싶어 하십니다.

하느님은 내가 아무리 심각한 알코올중독에 걸렸다고 하더라도 절대로 나를 떠나거나 저버리지 않을 것이라고 말씀하십니다. 내가 하느님을 받아들일 때, 나는 알코올중독에서 회복할 수 있고, 나와 친밀하게 지내실 것입니다.

오늘의 말씀

예수께서 "믿는 사람에게는 안 되는 일이 없다" 말씀하시자 아이아버지는 큰 소리로 "저는 믿습니다. 그러나 제 믿음이 부족하다면 도와주십시오" 하고 청하였다(마르코 9:23-24).

오늘의 묵상은 나에게 어떤 의미를 주고 있습니까?

오늘의 강의

어떤 사람이든지 혼자서 독립적으로 살 수 없다. 우리가 혼자서 할 수 있는 것이 거의 없기에 다른 사람의 도움이 필요하다.

우리가 알코올중독에서 회복하기 위해서도 다른 사람이나 외부의 힘이 필요하다. 첫째, 우리는 중독에서 회복하기 위해 하느님의 힘이 필요하고, 하느님께 대한 기도와 묵상은 중독회복의 필수적인 조건이다. 둘째, 우리보다 중독에서 회복한 사람들의 도움이 필요하다. 셋째, 알코올중독에서 회복을 위한 책들이나 중독회복의 경험을 실은 책들이 도움이 될 수 있다. 우리가 이런 자료들을 잘 활용한다면, 단주에 성공할 수 있다.

질문

1. 나보다 더 위대하신 하느님의 힘이 나를 중독에서 회복시켜 줄 수 있다는 것을 진정으로 믿습니까?
2. 내가 지금 중독치료를 받는 데 하느님의 힘이 반드시 필요합니까?

오 · 늘 · 의 · 기 · 도

믿음을 주시는 하느님, 저를 알코올중독에서 벗어나게 해주시고, 온전한 정신을 회복하여 살게 하소서.

34일 혼자서 술과의 전쟁에서 승리할 수 없다

오늘의 묵상

알코올중독자들은 새로운 일을 계획하고 시작을 했다가 쉽게 포기합니다. 알코올중독자들은 아무리 좋은 재능이나 능력을 가졌다고 해도 용두사미로 끝나는 일들이 허다합니다.

나 역시 술을 마시던 시절에는 많은 계획을 세우고 시작을 했지만, 성공한 사례를 찾아보기 힘듭니다. 나는 알코올중독에서 벗어나기 위해 나의 능력이나 힘만을 믿었습니다.

그러기에 나는 하느님과 도움으로 중독을 극복하려고 노력해야 하겠습니다. 사실 술과의 전쟁에서 혼자의 힘으로 극복한 사람은 한 사람도 없기 때문입니다.

오늘의 말씀

주님은 부러진 갈대를 꺾지 않고, 꺼져가는 심지도 끄지 않으리라. 드디어 주님은 승리로 이끌어 가리라(이사야 42:3).

오늘의 묵상은 나에게 어떤 의미를 주고 있습니까?

오늘의 강의

『로빈손 크루소』는 스코틀랜드 선원이 남태평양에서 표류하다가 무인도에서 4년간을 지내며, 자기 자신과의 싸움을 한 내용을 담은 소설이다. 그는 혼자 무인도에 있었지만 절망하지 않고, 매일 일기를 쓰고, 자기를 살려준 하느님께 기도를 바치고, 생활도구들을 스스로 만들고, 마음과 몸이 나약해지지 않도록 자신과 끊임없이 싸웠다.

우리도 로빈손 크루소처럼 알코올중독이라는 악조건 상황에서도 회복에 대한 희망을 절대로 포기하지 않아야 한다. 우리가 알코올중독과의 싸움에서 절망하거나 포기하지 않는 정신은 하느님이 우리를 중독에서 구원해 주시리라는 믿음을 가지는 것이다.

질문

1. 나는 알코올중독에서 회복하기 위해 나의 능력이나 힘만을 너무 믿지 않았습니까?
2. 알코올중독 회복을 위해 하느님께 대한 믿음과 기도가 필요하다고 생각합니까?

오·늘·의·기·도

믿음을 주시는 하느님, 제가 당신의 도움으로 알코올중독에서 온전히 벗어나 주님 말씀을 충실히 지키며 살게 하소서.

35일
하느님께 모든 것을 맡겨야 한다

오늘의 묵상

나는 "과연 이런 것들이 가치 있는 것일까?" 하고 자문할 때가 있습니다. 내가 외로움을 느끼고, 누구에게도 관심을 받지 못한다고 생각하면, 알코올중독에서 회복이 어렵습니다.

이럴 때일수록 나는 마음을 진정시키고, 중독회복을 위해 무엇이 필요한지를 알아볼 필요가 있습니다. 나는 내가 원하는 대로 모든 것을 소유할 수 없습니다. 그래서 나는 중독회복을 위해 하느님께 모든 것을 맡기고, 나에게 맡겨진 짐만 지도록 해야 합니다.

오늘의 말씀

믿는 사람에게는 기적이 따르게 될 것이다(마르 16:17).

오늘의 묵상은 나에게 어떤 의미를 주고 있습니까?

오늘의 강의

우리의 행동이 건전한 것처럼 보일지라도, 그 뒤에 숨어 있는 태도는 그렇지 않을 수 있다. 가끔 우리가 자기 자신을 믿는 것과 같은 몇 가지 성격적 특징을 살펴볼 필요가 있다.

우리가 생각하는 것처럼 실제로 이러한 특징이 장점인지를 스스로에게 질문해야 한다. 어떤 때는 자신을 믿어야 할 때가 있고, 어떤 때는 외부의 도움을 청할 때가 있다. 좋은 해결방법은 이 두 가지 사이에서 건전한 균형을 찾는 것이다.

알코올중독자들 중에 어떤 사람들은 중독문제들을 자신들의 힘만으로 해결하려고 하지만, 단주실패를 거듭한다. 중독에서 회복하기 위해 하느님께 모든 것을 맡기는 마음이 중요하다.

질문

1. 나는 중독회복을 위해 하느님께 모든 것을 맡깁니까?
2. 나의 능력이나 힘만으로 알코올중독에서 벗어나려는 교만에 빠져 있지는 않았습니까?

오 · 늘 · 의 · 기 · 도

믿음을 주시는 하느님, 제가 중독회복을 위해 하느님께 모든 것을 맡기도록 하게 하시고, 제 일에만 전념하게 하소서.

36일 하느님은 단주할 힘을 주신다

오늘의 묵상

내가 알코올중독에 있던 시절에 단주를 결심했다가도 쉽게 무너진 것은 내 안에 하느님의 힘이 존재하고 있음을 깨닫지 못했기 때문입니다.

나는 술과의 전쟁에서 알코올중독이 되다 보니, 하느님의 은총을 알지 못했습니다. 나는 자포자기와 절망이 나에게 큰 적이라는 사실을 명심합니다. 이제부터 나약한 나에게 단주할 힘을 주시는 하느님이 함께하고 있음을 믿고, 단주의 여정을 걸어가겠습니다.

오늘의 말씀

우리는 고통을 당하면서도 기뻐합니다. 고통은 인내를 낳고 인내는 시련을 이겨내는 끈기를 낳고, 그러한 끈기는 희망을 낳습니다 (요한1서 3:15).

오늘의 묵상은 나에게 어떤 의미를 주고 있습니까?

오늘의 강의

이 세상에는 인간과 인간과의 싸움, 자연과 인간과의 싸움, 자기 자신과의 싸움 등 3종류가 있다. 이 싸움에서 가장 힘든 싸움이 자기 자신과의 싸움이다.

노벨문학상을 탄 미국 작가 헤밍웨이가 쓴『노인과 바다』라는 작품을 보면, 어부 산티아고는 바다에서 84일째까지 한 마리의 물고기도 잡지 못한다. 그러나 그는 85일째 되는 날, 또 다시 고기를 잡으러 바다로 나가 드디어 자기 배보다도 더 큰 무려 5m나 넘는 청새치를 잡았지만, 상어 떼에게 빼앗기고 만다. 그가 집으로 돌아왔을 때 청새치는 뼈만 앙상하게 남았다. 그 뼈는 산티아고가 자기와의 싸움에서 이기고 받은 상장이었다.

상어 떼와 투쟁을 한 산티아고처럼 우리는 인생의 바다에서 중독과 투쟁하면서 쉽게 자포자기를 하기보다는 하느님께서 우리에게 단주할 힘을 준다는 믿음과 희망을 가져야 한다.

질문

1. 내가 자포자기로 단주를 중단한 적이 있었습니까?
2. 나는 알코올중독에서 단주할 힘을 하느님께서 주실 수 있다는 희망을 가지고 있습니까?

오 · 늘 · 의 · 기 · 도

믿음을 주시는 하느님, 제가 술의 유혹을 이겨나갈 힘을 주시고, 알코올중독에서 구원해 주시라는 믿음으로 살게 하소서.

37일
하느님이 있기에 외로운 항해가 아니다

오늘의 묵상

술이 나에게 자유를 주기보다는 현재와 미래에 대한 불안감과 두려움을 주었습니다. 그러나 하느님의 믿음으로 단주에 대한 희망을 가지면, 나의 두려움이 조금씩 사라질 것입니다.

나는 단주치료모임에서 중독자들을 만나면서 그들을 통해 위대한 힘을 발견합니다. 나는 위대하신 힘을 가진 하느님이 항상 나와 함께 있음을 깨닫겠습니다. 나는 하느님의 도움을 받아 중독으로부터 벗어나고, 하느님과 함께 단주항해를 계속 하겠습니다.

오늘의 말씀

주님을 두려워하는 사람은 그분의 말씀에 순종한다(집회서 2:15).

오늘의 묵상은 나에게 어떤 의미를 주고 있습니까?

오늘의 강의

알코올중독에서 회복하기 위해 우리보다 위대한 힘을 발견해야 한다. 우리 인생을 맡길 수 있을 만큼 자신이 믿을 수 있는 위대한 힘이 필요하다. 바로 그 힘은 하느님이라고 할 수 있다. 왜냐하면 하느님은 이 세상을 창조하시고 역사하시기 때문이다. 그러기에 하느님은 우리를 중독에서 얼마든지 회복시켜 줄 수 있는 분이다.

중독회복을 위해 위대한 힘으로 집단의 힘이 필요하다. 열 개의 손은 한 개의 손보다 힘이 강하다. 열 사람의 머리는 한 사람의 머리보다 낫다. 단주치료모임의 구성원들은 자신과 타인을 도우려는 가운데 자기들의 중독과 회복의 경험, 강인함, 희망을 공유한다. 그래서 회복의 길은 외롭지 않다. 집단의 위대한 힘은 중독질병에 대해서 치유를 가져올 수 있다.

질문

1. 나는 알코올중독으로 인한 모든 두려움을 하느님께 대한 믿음으로 변화시킬 수 있습니까?
2. 나는 위대한 힘을 가진 하느님과 함께할 때, 알코올중독에서 회복할 수 있다고 생각합니까?

오 · 늘 · 의 · 기 · 도

믿음을 주시는 하느님, 제가 중독으로 인한 모든 두려움을 극복하게 하시고, 언제나 당신께 온전히 의지하게 하소서.

38일
아직 중독으로 병들지 않은 영적인 면이 있다

오늘의 묵상

나는 술로 인해 육체나 정신에 많은 손상을 입었습니다. 하지만 삶의 의미를 찾으려는 의지, 삶의 목표, 생각, 믿음, 양심, 자기초월 등 영적인 면은 분명히 존재합니다.

나는 이제까지 알코올중독으로 신체적이고 정신적인 고통을 겪었으며, 무력감에 빠져 있었습니다. 하지만 내가 단주치료를 받을수록 하느님과 함께 할 수 있는 영적인 면을 발견할 수 있을 것입니다.

오늘의 말씀

희망을 가지고 기뻐하며 환난 속에서 참으며 꾸준히 기도하십시오(로마서 12:12).

오늘의 묵상은 나에게 어떤 의미를 주고 있습니까?

오늘의 강의

동물은 육체적으로나 정신적으로 병들면, 약육강식과 적자생존의 법칙으로 자연히 도태되어 버린다. 인간은 비록 육체적으로나 정신적으로 병들었을지라도 결코 병이 들지 않는 측면이 바로 영적인 부분이다. 그래서 문학가나 예술가들 중에 알코올중독이 되었지만, 중독에서 회복되어 문학이나 예술로 승화시킨 사람들이 있다.

우리가 중독문제로 비난과 낙인, 자살을 하고 싶은 충동도 있을 수 있다. 우리가 알코올중독임에도 죽지 않고 살아가고 있는 것은 언젠가는 중독에서 회복되어 새로운 삶을 살 수 있다는 희망과 하느님께 대한 믿음이 있기 때문이다. 이런 사실을 단주치료를 받으면서 비로소 깨닫게 된다.

질문

1. 내가 단주치료를 받으면, 나의 영적인 면을 발견할 수 있습니까?
2. 하느님께 대한 믿음과 희망으로 알코올중독에서 회복할 수 있습니까?

오 · 늘 · 의 · 기 · 도

믿음을 주시는 하느님, 제가 술로 인해 육체적으로나 정신적인 측면에 많은 손상을 입었으나, 중독치료를 통해 당신께 대한 믿음과 희망을 되찾게 하소서.

39일
자기 힘만을 믿는 사람은 실패한다

오늘의 묵상

나는 나의 힘만을 의지하여 결국 알코올중독이라는 질병에 걸렸습니다. 나 자신만을 믿어온 삶은 하느님이 원하는 삶과는 너무 동떨어진 삶이었습니다.

나는 더 이상 술을 마시지 않고, 주님의 권능에 의지하여 알코올중독과의 싸움에서 반드시 승리하겠습니다. 그리고 나는 하느님과 함께 단주를 위해 앞으로 나가겠습니다.

오늘의 말씀

하느님께서는 무슨 일이든지 할 수 있다(마태 19:26).

오늘의 묵상은 나에게 어떤 의미를 주고 있습니까?

오늘의 강의

우리가 타인에게 술 접대를 하며 함께 마신 것은 우리에게 즐거움과 만족감을 주었다. 그것은 그 사람에게 진정한 호의를 베푼 것이 아니다. 그들의 우정은 거짓이었다. 특히 상대방이 알코올중독자인 경우에는 그를 심각한 중독자로 만드는 데 일조했을 뿐이다.

단주치료모임에서는 다른 알코올중독자의 회복을 진심으로 도우려고 한다. 그리고 그 모임에서는 자기중심적인 아닌 서로 단주의 길을 걸어갈 수 있는 친구들을 만날 수 있다.

질문

1. 내가 주님의 권능에 의지하지 않고, 나의 힘만을 믿은 결과는 무엇입니까?
2. 내가 단주치료모임에서 참석하면, 단주의 길을 함께 걸어갈 수 있는 동지들을 만날 수 있습니까?

오 · 늘 · 의 · 기 · 도

믿음을 주시는 하느님, 제가 이제는 당신께 모든 것을 의지하려 하오니, 과거 술에 빠졌던 저의 인생을 오직 당신의 능력으로 회복시켜 주소서.

40일
하느님의 힘은 모든 것을 가능하게 만든다

오늘의 묵상

하느님의 권능과 나의 신앙이 알코올중독으로부터 나를 회복시켜 줄 수 있다는 것을 믿습니다. 나는 알코올중독 회복을 위해 두 가지 무기이면 충분합니다.

첫째로, 나는 성 바오로가 말씀하신 "주님의 힘으로 무엇이든지 가능하다"는 것을 믿어야 합니다. 둘째로, 나는 하느님의 힘으로 알코올중독회복을 가져올 수 있다는 믿음을 가져야 합니다. 이 두 가지는 중독회복에서 필수품입니다.

오늘의 말씀

하느님의 힘은 사람의 힘보다 강합니다(1고린 1:25).

오늘의 묵상은 나에게 어떤 의미를 주고 있습니까?

오늘의 강의

우리가 중독회복을 위해 영적인 각성이 필요하다. 알코올중독 회복에 관심이 있는 사람은 영적인 각성을 신중하게 생각해야 한다. 비록 의심이 많거나 무신론자라할지라도 무시해서는 안 된다.

"우리보다 위대하신 힘이 우리를 건전한 본 정신으로 돌아오게 해 주실 수 있다"는 내용의 프로그램을 실천하다 보면, 다양한 영성의 의미와 생명력을 볼 수 있게 되고, 우리의 중독적인 생각을 바꿀 수가 있다.

우리는 이 세상의 중심이 아니고, 모든 문제의 해결사가 아니며, 모든 것을 책임져야 할 유일한 사람이 아니다. 우리는 단주에 대한 의구심과 자신감이 없을 때도 믿음을 통해 편안함과 힘을 얻어야 한다. 믿음은 단주를 가능하게 할 것이다.

질문

1. 나는 알코올중독 회복을 위해 왜 영적인 각성이 필요하다고 생각합니까?
2. 나는 하느님의 힘만이 알코올중독에서 회복시켜 줄 수 있다는 믿음을 가지고 있습니까?

오 · 늘 · 의 · 기 · 도

믿음을 주시는 하느님, 제가 매일 저의 신앙을 굳세게 할 수 있는 용기를 주시고, 더욱더 당신의 능력에 의지하여 회복하게 하소서.

41일
중독회복을 위해 하나님께 기도해야 한다

오늘의 묵상

나는 나의 알코올중독 문제를 혼자 해결할 수 없습니다. 나는 수없이 회복하려고 노력을 했지만, 모두 실패했습니다. 알코올중독은 나를 최악의 상태로 끌어내렸기에, 하나님의 도움이 필요합니다.

하나님은 알코올중독의 밑바닥에서 나를 이끌어 내고, 나를 살릴 수 있는 분입니다. 나는 하나님께 나의 단주와 모든 삶을 맡기도록 하겠습니다.

오늘의 말씀

내 권능은 약한 자 안에서 온전히 드러난다(2고린 12:9).

오늘의 묵상은 나에게 어떤 의미를 주고 있습니까?

오늘의 강의

사람들은 기도하는 것에 회의를 가질 수 있다. 그리스 철학자 피타고라스는 "자신을 위해 기도하지 말라. 왜냐하면 당신은 무엇이 정말로 당신에게 도움이 되는지를 알지 못하기 때문이다"라고 말했다. 이 말은 우리가 상황의 전체적인 모습을 보지 못하고, 단지 부분만을 본다는 것을 의미한다.

만약 우리가 올바른 방법으로 하느님께 기도하고 묵상을 한다면, 합리적으로 보이는 장기적인 영향을 우리가 명백하게 볼 것이다. 어떤 사람이 사업협상을 위해 하느님께 간청했는데, 협상이 실패로 끝났다. 그런데 얼마 후에 조건이 더 좋은 사업협상이 들어왔다.

우리가 간청을 하는 기도를 할 때는 우리가 정말로 원하는지를 신중하게 생각해야 한다. 특히 알코올중독자가 회복을 위해 기도할 때는 마음을 다해 신중하게 기도해야 한다.

질문

1. 나는 하느님이 알코올중독에서 나를 구원해 주실 수 있다고 믿고 있습니까?
2. 내가 알코올중독에서 회복하기 위해서 항상 하느님의 힘을 간절하게 청해야만 합니까?

오 · 늘 · 의 · 기 · 도

믿음을 주시는 하느님, 제가 당신께 간청하오니 회복할 수 있는 힘을 주시어, 오늘도 중독의 삶을 살지 않게 하소서.

42일 영적인 각성은 진정한 회복을 가져온다

오늘의 묵상

내가 알코올중독에서 벗어나는 걸음을 걷기 시작하면, 하느님의 힘을 발견할 것입니다. 그리고 내 생활 속에서 하느님의 힘을 증명할 수 있습니다.

지금 내가 알코올중독을 벗어나는데, 사람들과 환경으로 방해를 받고 있습니다. 나는 하느님께 확고한 신앙을 가지고 있지 않습니다. 그렇지만 오직 나의 애절한 외침만이 하느님께서 들어주실 것입니다. 내가 하느님께 대한 신앙에 의지한다면, 단주에 분명히 성공할 수 있습니다.

오늘의 말씀

무엇이든지 우리가 하느님의 뜻을 따라 청하면 다 들어주신다(1요한 5:14).

오늘의 묵상은 나에게 어떤 의미를 주고 있습니까?

오늘의 강의

우리 중에 아주 드물게 하늘에서 떨어지는 번개를 맞은 것처럼 갑자기 영적인 각성이 생겨 알코올중독의 삶이 변화했다고 하는 사람이 있다. 그러나 대부분의 사람들은 점진적인 과정을 통해 영적인 각성이 온다.

알코올중독자는 자신의 종교와 영적인 배경이 무엇이든 간에 항상 자기 안에 위대한 힘이 존재한다는 것을 느끼기 어렵다. 위대한 힘이신 하느님을 발견하기 위해서는 위대한 힘을 찾고자 하는 의지가 있어야 한다. 이 방법은 영적인 경험을 감사하게 생각하는 마음가짐이다.

알코올중독자들은 술의 힘을 믿어왔기 때문에, 하느님의 위대하신 힘을 믿기가 어려울 수 있다. 하지만 단주치료를 받거나 단주모임에 참석하면서 술로 인한 밑바닥의 인생을 하느님께서 송두리째 변화시켜 줄 수 있다는 생각과 마음을 가졌다면, 그것이 영적인 깨달음이다.

질문

1. 내가 알코올중독에서 벗어나기 위해 하느님의 힘을 발견해야 합니까?
2. 하느님께서 당신의 권능으로 나의 신앙을 굳게 하여주실 수 있습니까?

오 · 늘 · 의 · 기 · 도

믿음을 주시는 하느님, 당신의 권능으로 저의 약한 신앙을 굳세게 하시고, 중독에서 회복하려는 저의 간절한 애원을 들어주소서.

43일
불건전한 정신을 버리고 새 사람이 되어야 한다

오늘의 묵상

나는 알코올중독이 되면서부터 건전하지 못한 정신과 비윤리적인 행동을 하였습니다. 나는 술에 취해 충동적으로 다른 사람들과 싸우고, 폭력을 하고, 음주운전을 하였습니다.

이처럼 블랙아웃 상태에서 한 행동은 비정상적인 행동들이었습니다. 이제는 단주함으로써 건전한 정신으로 되돌아올 수 있다고 믿습니다. 나는 회복을 통해 비윤리적인 요소들을 없애겠습니다.

오늘의 말씀

옛 생활을 청산하고 하느님의 형상대로 창조된 새 사람으로 갈아입어야 합니다(에페소서 4:22).

오늘의 묵상은 나에게 어떤 의미를 주고 있습니까?

오늘의 강의

술에 취했을 때, 무엇을 했는지 스스로 기억할 수 없다면, 그는 온전하지 못하다고 말할 수 있다. 술에 대한 조절력을 상실한 사람은 자기가 술을 마시고 무슨 일이 일어났는지를 전혀 기억하지 못한다.

술을 마시고 블랙아웃을 경험한다면, 건전한 정신을 가질 수 없고, 온전하지 못한 사람이다. 알코올중독자들은 자기들의 정신이 온전하지 못할 때, 전혀 이해할 수 없는 비윤리적이고 비도덕적인 행동을 한다.

알코올중독에서 회복하여 온전한 정신을 가질 때, 우리는 알코올중독에 대한 모든 부정들을 버리고, 그동안 술로 인해 단절되었던 관계들도 회복할 수 있다.

질문

1. 나는 나 자신에 대해서 온전하다고 생각합니까?
2. 내가 건전한 정신으로 되돌아가기 위한 방법들은 무엇이 있습니까?

오 · 늘 · 의 · 기 · 도

믿음을 주시는 하느님, 제가 단주생활을 통해 건전하지 못한 정신과 생각을 버리고, 새 사람이 되게 하소서.

44일 술 없이 맑은 정신으로 사는 것이 회복이다

오늘의 묵상

술은 나의 정신과 판단을 흐리게 하여 판단 능력을 상실하게 만들었습니다. 술은 그동안 나에게 진정제와 피난처를 제공했지만, 삶의 문제들을 근본적으로 해결해 주지 못했습니다.

나는 알코올중독치료와 단주모임에 참석하면서 술이 거짓 탈을 쓴 진리라는 것을 깨달았습니다. 진정 진리만이 나를 자유롭게 할 수 있습니다. 이제 나는 중독으로부터 해방되어 진정한 자유인으로서 살겠습니다.

오늘의 말씀

진리가 너희를 자유롭게 할 것이다(요한 8:32).

오늘의 묵상은 나에게 어떤 의미를 주고 있습니까?

오늘의 강의

인간만이 이성을 가지고 있어 사물을 판단하는 힘이 있고, 참된 것과 거짓, 선과 악을 식별하는 능력이 있다. 이성에는 지능, 감정, 의지가 있는데, 알코올중독이 되면 거짓을 추구하고, 악한 행동을 하고, 추한 모습이 된다.

알코올중독자는 지능, 감정, 의지에 이상이 오고 망가진 상태라고 할 수 있다. 그러기에 술을 마시면 비이성적인 행동을 한다. 술을 끊고 맑은 정신으로 살 때만이 회복의 길을 걸어갈 수 있고, 참 진리의 삶을 살 수 있다.

질문

1. 나의 음주가 정신과 판단을 흐리게 한 상태에서 한 행동들은 무엇이 있습니까?
2. 나는 알코올중독이 되면서 지능, 감정, 의지 중에서 어느 것이 가장 손상을 입었습니까?

오 · 늘 · 의 · 기 · 도

믿음을 주시는 하느님, 저는 그동안 알코올중독으로 인한 거짓된 삶에 대해서 진정으로 회개하오니, 이제부터는 맑은 정신으로 살게 하소서.

45일
위대하신 힘에 의지하면 본 정신으로 돌아올 수 있다

오늘의 묵상

나는 예수 그리스도와 친밀한 관계를 발전시키면서 위대하신 힘을 믿기 시작하였습니다. 또한 나의 무력한 상태를 깨닫도록 도와주시는 위대하신 힘에 의지하기 시작하였습니다.

나는 술에 취해 제정신이 아닌 상태에서 반복적으로 이상한 행동을 하였습니다. 그러기에 위대하신 힘에 의지하여 본 정신으로 돌아오도록 노력하겠습니다.

오늘의 말씀

올바른 사람에게 불행이 겹쳐도 야훼께서는 모든 곤경에서 그를 구해주시고, 뼈 한마디도 부러지지 않도록 고이고이 지켜주신다. 악인들은 그 행실로써 죽음을 부르고 의인을 미워하는 자 멸망하리라 (시편 34:19-22).

오늘의 묵상은 나에게 어떤 의미를 주고 있습니까?

오늘의 강의

우리가 이제까지 알코올중독으로 제정신이 아니었다. '제정신이 아닌(insanity)'의 일반적인 정의는 반복적으로 동일한 행동을 하면서 매번 다른 결과를 기대하는 것이다.

이런 면에서 우리 행동은 제정신이 아닌 것으로 볼 수 있다. 우리는 자신의 행동에 대한 책임을 지는 대신에 여전히 모든 사람들과 모든 것들을 비난하고 있다. 아니면 우리는 우리의 삶을 향상하기 위해 여전히 다른 사람들을 통제하기 위해 발버둥치고 있을지도 모른다.

비록 우리가 과거에 하느님을 받아들이지 않았음에도 불구하고 하느님께서는 항상 우리 곁에 있으시고, 우리의 손상된 영혼을 고쳐 주실 것이다.

질문

1. 예수그리스도는 술로 인해 나의 깨지고 부서진 영혼을 치유할 힘을 가지고 계십니다. 나는 예수 그리스도에게 나 자신을 개방하기 위해 무엇을 할 수 있습니까?
2. 내가 술을 마신 후에 어떤 행동들이 제정신이 아닌 행동이었습니까?

오 · 늘 · 의 · 기 · 도

믿음을 주시는 하느님, 당신이 항상 제 곁에 있어주시어, 알코올중독으로 손상된 저의 영혼과 정신을 고쳐주소서.

46일
하느님의 능력은 새로운 삶으로 이끈다

오늘의 묵상

나는 알코올중독으로 불균형적인 삶이었기 때문에, 이제는 단주생활을 하면서 균형 잡힌 삶이 되어야 합니다. 내가 균형 잡힌 삶을 살게 되면, 하느님의 성령이 나를 온전한 정신으로 회복시켜 주실 수 있다는 것을 믿을 수 있게 될 것입니다.

내가 중독으로 인해 아무리 좌절하고 절망하고 있다고 해도 하느님의 능력으로 나는 새로이 거듭나는 삶을 살겠습니다.

오늘의 말씀

그러나 이렇게 사형 선고를 받았다는 생각이 들자, 우리는 우리 자신을 믿지 않고 죽은 자를 다시 살리시는 하느님을 믿게 되었습니다(2코린토 1:9).

오늘의 묵상은 나에게 어떤 의미를 주고 있습니까?

오늘의 강의

충격적인 어린 시절 경험으로 우리는 반항적이고, 무관심하고, 화를 내고, 자기기만적이고, 자기중심적인 사람이 되었다. 우리는 성인 생활을 균형 잡힌 상태로 회복해야 한다.

우리가 알코올중독에서 회복한 삶을 살면, 하느님의 성령이 우리보다 더 큰 위대한 힘이 될 수 있다. 그리고 우리를 건전하지 못한 정신에서 온전한 정신으로 회복시켜 주실 수 있다는 것을 믿을 수 있다. 그리스도의 도움으로 이러한 기만적인 행위들은 내부로부터 치유될 수 있다.

우리가 중독으로 인해 절망적인 삶이라고 할지라도 하느님의 능력과 힘은 우리의 침체를 덜어주고, 우리를 새로운 삶으로 이끌어 주실 것이다.

질문

1. 나는 알코올중독의 인생에서 '사형선고'를 어떤 식으로 받았습니까?
2. 내가 술로 인해 나와 다른 사람들에게 많은 실망을 주었더라도, 하느님의 능력으로 새로운 삶을 살 수 있다는 확신을 가지고 있습니까?

오 · 늘 · 의 · 기 · 도

믿음을 주시는 하느님, 제가 단주생활을 하면서 균형 잡힌 삶과 새로운 삶을 살도록 도와주소서.

47일
하느님은 나에게 단주할 수 있는 힘을 준다

오늘의 묵상

나는 알코올중독에 빠져 아무런 희망도 없었고, 죽은 생명이었습니다. 매일의 삶이 어두운 밤이었고, 좌절감과 절망감뿐이었습니다. 그러나 하느님을 믿는 사람들에게는 죽음이 더 이상 종말이 아니며, 새로운 생명으로 나갈 수 있습니다.

내가 알코올중독 치료를 받고 단주묵상을 하면, 단주가 가능하게 될 것입니다. 그리고 단주가 지속되면 나도 희망의 빛을 보게 될 것이라고 확신합니다. 나는 "죽음과 같은 상황"에 놓이더라도 하느님께서는 항상 나에게 단주할 수 있는 새로운 희망과 힘을 주실 것이다.

오늘의 말씀

우리는 그리스도의 부활의 희망으로 구원을 받았습니다. 눈에 보이는 것을 바라는 것은 희망이 아닙니다(로마서 8:24).

오늘의 묵상은 나에게 어떤 의미를 주고 있습니까?

오늘의 강의

오늘날 많은 사람들이 생명의 소중함을 깨닫지 못하고 있으며, 특히 우리사회에 만연된 중독으로 죽음의 길을 걸어가고 있다. 알코올중독자는 질병에 걸렸다는 것을 부끄러워하지 말고, 우리는 하루 빨리 신체적, 정신적, 영적 회복을 통하여 건강한 삶, 행복한 가정생활, 신앙생활을 해야 한다.

단주결심과 중독치료는 알코올중독 회복을 가져오고, 이제까지의 알코올중독의 삶에서 반전을 가져온다. 중독이 신체, 정신, 영혼에 많은 손상을 가져왔지만, 하느님께 대한 믿음으로 중독의 온전한 회복을 가져올 수 있다. 하느님은 언제나 우리에게 단주할 수 있는 새로운 희망과 힘을 주실 것이다.

질문

1. 나는 단주결심과 중독치료를 통해 온전한 회복을 가져올 수 있다고 생각합니까?
2. 알코올중독 회복을 함으로써 새로운 생명을 얻을 수 있다고 생각합니까?

오 · 늘 · 의 · 기 · 도

믿음을 주시는 하느님, 알코올중독자인 제가 주님의 신앙으로 언제나 술의 유혹을 이겨내고, 굳건한 마음으로 단주의 길을 걸어가게 하소서.

48일
중독회복은 기적같이 일순간에 오지 않는다

오늘의 묵상

나는 알코올중독 질병에 걸리기를 바라고, 부도덕한 행동을 하기를 바라면서 술을 마시지는 않았습니다. 그러기에 나는 알코올중독에 대한 창피함과 수치심을 갖지 않겠습니다.

알코올중독 회복은 기적같이 일순간에 이루어지지 않습니다. 그래서 나는 매일 단주결심을 하고, 중독치료를 받고, 단주묵상을 하겠습니다. 단주를 하려는 나에게 하느님은 큰 힘이 됩니다. 누구보다 나를 창조하시고, "오늘이라는 은총의 시간을 주시는 하느님께서 함께하신다"는 사실을 명심합니다.

오늘의 말씀

너희 가운데 누가 걱정한다고 목숨을 한 시간인들 더 늘일 수 있겠느냐? 너희는 어찌하여 그렇게도 믿음이 약하냐?(마태오 6:30).

오늘의 묵상은 나에게 어떤 의미를 주고 있습니까?

오늘의 강의

내일은 오늘 없이 결코 오지 않는다. 그런데 많은 사람들은 흔히 막연하게 좋은 내일이 오리라고 기대하며 산다. 오늘 내가 "무엇이 되었다"는 것은 하루아침에 된 것이 아니다. 우리가 무엇이 되기 위해서는 많은 시간과 노력이 필요하고, 이 세상에 그냥 이루어지는 일은 결코 없다. 내가 노력한 만큼 결과가 오듯이 단주도 마찬가지이다.

부처님이나 예수님이 한순간에 성자가 된 것이 아니라, 그들은 성자가 되기 위해서 매일 자신의 욕망을 끊고, 피눈물 나는 묵묵히 수행의 길을 걸어갔다. 하느님께 대한 믿음에 충실하며 오늘의 단주생활을 철저하게 한다면, 내일의 재발을 두려워할 필요가 없다.

질문

1. 나는 알코올중독 회복을 위해 매일 새로운 단주결심과 중독치료를 받고, 단주묵상을 할 각오가 되어 있습니까?
2. 나는 단주생활을 철저하게 하기 위해 무엇이 필요합니까?

오 · 늘 · 의 · 기 · 도

믿음을 주시는 하느님, 제가 오늘 단주를 위해 살 수 있게 해주시고, 단주를 위험에 빠트리는 모든 장애물들을 용감히 물리칠 수 있는 힘과 용기를 주소서.

49일
중독회복에 대한 희망을 가져야 한다

오늘의 묵상

나는 "우리보다 위대하신 힘이 우리를 본 정신으로 돌아오게 해주실 수 있다는 것을 믿게 되었다"라는 내용을 가지고 단주모임과 묵상을 하면, 희망이 존재한다는 사실을 믿도록 이끌어 줍니다.

내가 이런 사실을 믿기까지는 많은 시간이 걸렸습니다. 나는 과거에 알코올중독이 되었을 때, 나의 삶은 어두운 밤이었고, 절망 상태였습니다. 하지만 나는 단주치료를 받으면서 중독회복에 대한 새로운 희망이 생겼습니다.

오늘의 말씀

하느님께서는 더 좋은 희망을 주셨고, 우리는 그 희망을 주셨고, 하느님께 가까이 나가는 것입니다(히브리서 7:19).

오늘의 묵상은 나에게 어떤 의미를 주고 있습니까?

오늘의 강의

과거에 알코올중독자인 우리 중에서 자신의 삶과 중독에서의 회복에 대한 희망을 잃어버렸다. 하지만 우리는 이제 단주치료를 받고, 단주모임에 참석하면서 회복에 대한 새로운 희망을 가지게 된다.

중독회복을 위해 많은 이들이 치료자들을 찾아 치료를 받는다. 단주모임에 참석하면, 많은 중독자들이 모여 회복을 위해 열심히 노력하고 있다. 우리 주변에는 도무지 불가능하다고 생각했던 중독자들이 기적적으로 우리보다 더 위대한 힘이신 하느님으로부터 치유를 받고 있다. 우리가 중독에서 회복하는 그들의 사연을 들어보면, 하느님의 힘이 회복에서 얼마나 강력하게 작용하였는지를 알 수 있다. 때로는 약간의 의구심도 들지만, 이것은 현실이고 사실이다.

질문

1. 나는 하느님과의 관계에서 중독회복에 대한 믿음과 희망이 중요하다고 생각합니까?
2. 나는 중독회복을 위해 치료자와 하느님에게 나의 중독문제들에 대해서 솔직하게 개방할 수 있습니까?

오 · 늘 · 의 · 기 · 도

믿음을 주시는 하느님, 저에게 믿음을 주시어, 알코올중독 회복에 대한 희망을 가지게 하소서.

50일
하느님은 나를 제정신으로 되돌릴 수 있다

오늘의 묵상

나는 술을 마시던 때, 건전한 정신이 아니었습니다. 가장 놀라운 사실은 내가 술을 마시지 않은 상태에서도 계속적으로 건전하지 않고, 비윤리적인 일들을 하고 있습니다. 나는 음주가 문제임을 알면서도 그것을 부정하면서 술을 마셨습니다. 나는 술을 조절하려고 시도를 하였지만, 실패하였습니다.

그러나 나는 2단계를 진행하면서 제정신이 아닌 상태를 변화시켰고, 중독회복을 도와주었으며, 하느님이 나를 제정신으로 되돌릴 수 있음을 믿게 되었습니다.

오늘의 말씀

죄인이라도 마음을 바로잡아 버릇을 고치고 사는 것을 나는 기뻐한다(에제키엘 33:11).

오늘의 묵상은 나에게 어떤 의미를 주고 있습니까?

오늘의 강의

우리는 알코올중독에 걸렸으며, 술을 중단할 수 없었고, 건전한 정신으로 살 수 없었다. 중독에서 "건전한 본 정신으로 살 수 없게 되었다"라는 말을 생각하면서, 건전한 본 정신은 무엇일까라는 의미를 알아본다.

건전한 본 정신이 의미하는 것은 "생각의 건전함, 판단력의 건전함, 균형 잡힌 생활"이다. 우리가 술에 취해 있던 순간들을 예로 들면, 기억상실, 편집증, 환각, 기억력 저하 등이 있다. 우리 중에 대부분은 자신이 술을 마시고 있는 동안 새로운 것을 기억하고, 일에 집중하는 데 문제를 가져온다. 알코올중독은 건전한 판단력과 균형 잡힌 생활에도 나쁜 영향을 미친다.

질문

1. 내가 경험한 기억상실, 편집증, 환각, 기억력 저하의 경우들이 있습니까?
2. 나는 술의 결과로 나 자신이 건전하지 못한 판단력, 균형 잡히지 않은 생활을 보여주었던 사건들이 있습니까?

오 · 늘 · 의 · 기 · 도

믿음을 주시는 하느님, 당신만이 저를 제정신으로 되돌릴 수 있음을 믿게 하소서.

51일
단주는 건전한 정신을 회복하는 것입니다

오늘의 묵상

나는 알코올중독자로서 온전한 정신을 가지기 위해서 회복해야 합니다. 나는 술을 마시면서 건전한 정신을 가질 수가 없습니다.

나는 알코올중독자로서 나의 행동이 "비정상" 또는 "제정신이 아니다"라는 것을 깨달아야 합니다. 그러나 술을 계속 마시면서 내가 제정신이 아님을 깨닫는 것이 거의 불가능합니다. 내가 단주할 때만이 나는 제정신이 아님을 인식하고 깨달을 수 있을 것입니다.

오늘의 말씀

예수그리스도와 함께 사는 사람들은 결코 단죄를 받는 일이 없습니다(마태오 6:25-30).

오늘의 묵상은 나에게 어떤 의미를 주고 있습니까?

오늘의 강의

알코올중독자는 항상 술을 마시는 생활을 하고 있다. 술을 마시고 많은 문제들이 일어나면, 자기 나름대로 술을 마시는 규칙들을 만든다. 그러나 자기가 만든 음주규칙을 지키지 못하고, 한번 술을 마시기 시작하면 만취가 된다. 알코올중독자들이 제정신이 아니기 때문에, 전혀 지킬 수 없는 것이다.

알코올중독자들은 이미 중독이 되어버렸기 때문에, 술이 삶의 중심이 되고, 술 없이는 하루도 살 수 없는 몸과 정신이 되어버린 것이다. 그래서 그들은 술이 몸과 정신에 폐해를 주는 것을 알면서도 계속 술을 마시고, 비이성적인 행동을 하게 된다.

질문

1. 나는 제정신이 아닌 상태에서 세운 계획들이 어떻게 되었습니까?
2. 나는 제정신으로 돌아오기 위해 무엇을 해야 합니까?

오 · 늘 · 의 · 기 · 도

믿음을 주시는 하느님, 제가 이제는 비정상적인 언행들을 하지 않고, 맑은 정신으로 지내도록 도와주소서.

52일
하느님의 힘은 모든 것을 가능하게 만든다

오늘의 묵상

술은 나를 하느님으로부터 단절시켰습니다. 하느님과 완전히 관계가 끊어지지는 않았지만, 의무감에서 종교적인 의식에 참석하였고, 기도나 묵상도 형식적으로 하였습니다.

나는 술을 마시는 동안 올바른 신앙생활을 하지 못했으며, 죄책감을 가지게 되었습니다. 그러나 나는 단주치료를 받고, 단주모임에 참석하면서 하느님과의 관계를 재정립하였고, 하느님의 사랑을 깨달았습니다. 단주는 하느님과의 관계를 다시 회복할 수 있고, 술로 인한 죄책감으로부터 벗어날 수 있습니다.

오늘의 말씀

옷만 찢지 말고 심장을 찢고 너희 하느님 야훼께 돌아오라(요엘 2:13).

오늘의 묵상은 나에게 어떤 의미를 주고 있습니까?

오늘의 강의

영성은 우리보다 위대한 힘이나 하느님에게 투신하는 것이다. 영성은 삶에 대처하는 방법이며, 인생관에 관한 것이다. 영성은 평범한 상태를 초월하고, 알 수 없는 것이지만, 세상의 모든 것 안에 있다.

영성의 뿌리는 결과에 대한 것이 아니라, 항상 어떤 사람들과의 관계 또는 어떤 것과의 관계에 대한 것이다. 영성은 조금씩 하느님 또는 우리보다 위대한 힘에 사로잡히는 것이라고 할 수 있다.

중독은 영성결핍이 중독의 원인이자 결과이다. 모든 인간은 신앙 유무에 상관없이 영적 갈망을 가지고 있는데, 이것이 사랑에 대한 욕구로 알코올중독은 자신, 타인, 신에 대한 사랑으로부터 멀어지게 하는 원인이 된다. 그러기 때문에 우리는 하느님과 타인과의 관계가 단절된다. 영성이 중독치유에 탁월한 효과가 있으며, 중독자회복에서 영성이 중요하다.

질문

1. 영성이 나를 중독으로부터 회복시켜 줄 수 있습니까?
2. 단주생활은 하느님과의 관계를 다시 회복하고, 술로 인한 죄책감으로부터 벗어날 수 있게 만들 수 있습니까?

오 · 늘 · 의 · 기 · 도

믿음을 주시는 하느님, 제가 알코올중독으로 인해 하느님과의 관계가 끊어졌사오니, 당신과의 관계를 회복시켜 주시고, 모든 죄책감으로부터 벗어나게 하소서.

53일
하느님의 힘은 나의 병든 정신을 치유해 준다

오늘의 묵상

내가 이제까지 술을 마신 이유는 유쾌한 정신상태에 도달하여 나를 행복하게 만들기 위해서였습니다. 그러나 술을 마시면 마실수록 나의 정신은 혼미해지고, 병들었습니다.

술은 나에게 생명과 삶의 에너지를 주기보다는 나를 죽음과 절망하게 만들었습니다. 그러나 위대하신 하느님의 힘을 믿으면, 중독으로 병든 나의 정신을 치유할 수 있을 것입니다.

오늘의 말씀

하느님의 말씀을 듣고 하느님을 믿는 사람은 영원한 생명을 얻을 것이다(요한 5:24).

오늘의 묵상은 나에게 어떤 의미를 주고 있습니까?

오늘의 강의

단주회복 프로그램은 영적인 프로그램이다. 영성은 종교와 같은 것은 아니며, 우리 정신과 관련이 있다. 정신은 우리에게 생명과 에너지를 준다. 어떤 사람이 우울할 때는 정신력이 떨어졌다고 말하고, 죽었을 때는 정신이 그를 떠났다고 말한다.

우리가 행복하고 기쁠 때는 자신이 기분 좋은 정신 상태에 있다고 말한다. 보통 사람들은 술을 마시면 유쾌한 정신 상태에 도달한다. 우리의 느낌, 믿음, 기분은 정신에서 나온다.

우리는 술을 마심으로써 기분을 좋게 만들기 위해서 만들기 위해서이지만, 알코올중독이 된 이후부터 술이 우리 정신을 건전하지 못하고, 매우 병들게 만들었다. 그러나 단주를 함으로써 우리 정신이 건강하고 활기차게 되었다. 그리고 하느님의 위대한 힘이 병든 우리 정신을 치유할 수 있다.

질문

1. 나는 술을 마심으로써 정신이 혼미해지고, 병들었습니까?
2. 내가 하느님의 힘을 믿으면, 알코올중독으로 병든 나의 정신을 치유할 수 있습니까?

오 · 늘 · 의 · 기 · 도

믿음을 주시는 하느님, 제가 알코올중독이 되어 저의 정신이 혼미해지고 병들었사오니, 저의 정신을 치유해 주소서.

54일
중독회복을 위해 회복자들의 길을 걷는다

오늘의 묵상

나는 이제까지 알코올중독으로부터 해방되기 위해 나름대로 온갖 방법과 수단을 사용하였습니다. 하지만 그것들은 내가 술을 끊는 데 허사였습니다.

단주를 하기 위해서는 인간적인 힘이 아니라, 하느님의 힘이 절대적으로 필요하다는 것을 깨달았습니다. 나는 단주모임에서 알코올중독에서 회복한 사람들이 어떻게 하느님의 도움으로 회복할 수 있었는지를 발견하겠습니다.

오늘의 말씀

모든 것을 시험해 보고 좋은 것을 반드시 붙드십시오(1테살 5:21).

오늘의 묵상은 나에게 어떤 의미를 주고 있습니까?

오늘의 강의

우리가 알코올중독에서 회복하고, 건전한 본 정신으로 돌아오기 위해서는 하느님의 힘을 선택해야 한다. 우리가 혼자 힘으로 해결할 수 없을 때, 누군가의 힘을 빌린다. 우리 자신의 능력이 부족하면, 우리보다 뛰어난 전문가를 만나야 한다. 중독에서 회복하는 길을 정확히 아는 분은 하느님이다.

그러기에 우리는 알코올중독과 회복에 관해 모든 것을 알고 있는 위대한 힘을 가진 하느님을 원한다. 중독에서 회복한 사람들이 하느님의 힘으로 회복되고, 건전한 정신으로 돌아올 수 있었다면, 우리는 그들에게 회복의 방법을 물어보아야 한다. 그래야만 내가 선택한 위대하신 힘이 올바른 것인지, 그렇지 않으면 잘못된 것인지를 판별할 수 있기 때문이다.

질문

1. 내가 단주하기 위해 사용했던 방법과 수단은 어떤 것들이 있었습니까?
2. 나는 단주를 하기 위해 반드시 하느님의 힘에 의지해야만 합니까?

오 · 늘 · 의 · 기 · 도

믿음을 주시는 하느님, 제가 회복과 단주를 위해 필요하고 중요한 것들을 선택하도록 지혜를 내려주소서.

55일
하느님은 삶을 향상시킨다

오늘의 묵상

내가 처음 단주치료모임에 참석했을 때, 그 모임은 지루했고, 불편하였습니다. 하지만 나는 인내심을 가지고 계속 모임에 참석하면서 그들의 회복에 대한 진실성과 열정을 볼 수 있었습니다.

단주치료모임에서 다른 사람들의 솔직한 중독경험을 들을 수 있었고, 나도 나의 중독에 관한 경험들을 나눌 수 있었습니다. 그리고 나는 하느님의 믿음 안에서 중독에 대한 나의 고백을 통해 조금씩 회복되어 가는 것을 느낄 수 있었습니다.

오늘의 말씀

여러분 안에 계셔서 여러분에게 당신의 뜻에 맞는 일을 하고자 하는 마음을 일으켜 주시고 그 일을 할 힘을 주시는 분은 하느님이십니다(필립비 2:13).

오늘의 묵상은 나에게 어떤 의미를 주고 있습니까?

오늘의 강의

우리가 비슷한 알코올중독 경험을 가진 사람들과 접촉하는 것은 하느님께서 우리가 우리의 중독 상태를 정확히 알도록 도와주시는 한 가지 방법이다.

우리가 다른 중독자들과 함께 단주치료모임에서 알코올중독에 관한 경험담을 나눌 때, 우리들 각자는 "감정조절력"을 유지하는 것은 분명하다. 또한 하느님은 우리 자신이나 다른 사람들에게 파괴적인 행동이 용납되지 않는다는 것을 깨닫도록 도와준다.

우리가 하느님의 능력에 더욱더 의존할수록 우리 삶의 질은 향상될 것이다. 그리고 하느님은 우리를 완전하게 회복시켜 주시고, 우리의 과거 중독으로 인한 상처와 고통으로부터 자유롭게 해주실 것이다.

질문

1. 나는 하느님께서 어떠한 방식으로 나를 온전한 정신으로 회복시켜 주실지 알고 있습니까?
2. 나는 감정을 조절하기 위해서 무엇을 할 수 있습니까?

오 · 늘 · 의 · 기 · 도

믿음을 주시는 하느님, 제가 단주치료모임에서 다른 사람들과 저의 중독의 경험들을 나눌 수 있는 용기를 주시고, 중독에 대한 고백을 하게 하소서.

56일
가장 적절한 시기에 회복이 진행된다

오늘의 묵상

나는 중독치료 프로그램을 시작했을 때, 중독회복에 대해 즉각적인 결과를 기대하였습니다. 그러나 하느님은 내가 너무 빠르지도 않고, 느리지도 않은 속도로 살아가길 바랍니다.

내가 알코올중독이 된 여러 가지 이유들이 있지만, 그중에 하나가 술을 너무 빨리 마셨기 때문입니다. 그러기에 나는 알코올중독 회복을 통해 언제나 하느님이 나를 사랑하고 있다는 것을 깨달아야 합니다. 이제까지 나의 중독적인 삶을 하느님 보살핌이 있는 삶으로 전환해야 합니다.

오늘의 말씀

이런 일을 할 수 있는 자격이 우리 자신에게서 났다고 내세우는 것은 아닙니다. 다만, 하느님께서 우리에게 그런 자격을 주셨습니다(2코린토 3:5).

오늘의 묵상은 나에게 어떤 의미를 주고 있습니까?

오늘의 강의

우리는 어린 시절부터 "바로 지금" 일이 일어나지 않았을 때, 화가 나거나 당황했던 것을 기억한다. 이 프로그램에서 예기치 못한 갑작스러운 변화는 규칙이 아니다.

우리가 중독으로부터 회복을 달성하려면, 인내심과 참을성이 필요하다. 우리들 각자는 독특하며, 회복단계의 시작은 각각 다른 상태에서 시작한다. 우리들 중 어떤 사람들은 즉각적으로 단주를 시작하는 반면에, 어떤 사람들은 여러 가지 핑계나 이유들을 대면서 단주 치료를 연기하기도 한다.

정해진 규정이나 지침은 없다. 가장 적절한 시기에 회복과정이 진행된다. 만약 우리가 하느님을 믿는다면, 주님께서는 우리가 삶의 장애를 인식할 때, 중독으로부터 우리를 이끌어 내실 것이다.

질문

1. 나는 일상생활에서 어떤 방식으로 하느님과의 관계를 향상시키기를 바랍니까?
2. 알코올중독에서 회복은 즉시 일어나는 것이 아니고, 회복에 대한 이해와 인내심이 필요하다는 사실을 알았을 때 나는 어떻게 반응했습니까?

오 · 늘 · 의 · 기 · 도

믿음을 주시는 하느님, 제가 저의 속도로 살지 않고, 당신의 속도에 따라 살며, 회복에 대한 조급함을 버리고, 단주의 길을 걸어가게 하소서.

57일
하느님은 우리 욕구를 충족시킨다

오늘의 묵상

나는 알코올중독으로 쓸데없는 교만, 자신이 우월하다는 자만심, 엉뚱한 고집, 이유 없는 반항심이 있었습니다. 나의 정신은 건전하지 못하고, 온전한 상태가 아니었습니다.

내가 위대하신 하느님의 힘으로 건전한 본 정신으로 돌아오기 위해서는 우선 술을 끊고, 겸손한 마음을 가질 때만이 가능합니다. 그러기에 나는 과거 음주시절의 나 자신을 정직하게 반성하고, 지속적인 성찰을 해야 하겠습니다.

오늘의 말씀

여러분은 그리스도 예수께서 지니셨던 마음을 여러분의 마음으로 간직하십시오(필립비 2:5).

오늘의 묵상은 나에게 어떤 의미를 주고 있습니까?

오늘의 강의

알코올중독에서 온전한 정신상태를 회복해야 한다. 온전한 정신상태를 회복하기 위해서는 겸손이 필요하다. 우리 대부분은 겸손의 결핍이 현재 중독 상황의 원인이 되었다.

겸손은 우리가 하느님의 도움으로 발전시키는 영적인 미덕이다. 겸손함을 발전시키는 것은 치료 프로그램의 반복되는 주제이다. 우리가 자존심, 자만심, 그리고 반항심을 서서히 포기할 수 있을 때, 겸손해질 수 있다.

바오로 사도는 "우리의 마음이 예수 그리스도의 마음과 같아야 한다"고 말씀하셨다. 예수님의 마음가짐은 아버지의 뜻대로 아버지의 계획과 권력에 복종하는 것이었다.

우리는 하느님이 우리의 욕구를 충족시킬 충분한 힘을 주실 수 있다고 믿으면서, 우리의 조급함과 좌절감을 떨쳐버리기 위해 노력해야 한다.

질문

1. 나는 인생에서 나의 무력함을 대체하는 하느님의 힘을 경험한 적이 있습니까?
2. 내가 나의 인생에서 하느님께 반항을 보여준 것은 무엇입니까?

오 · 늘 · 의 · 기 · 도

믿음을 주시는 하느님, 제가 알코올중독으로 인한 교만, 자만심, 고집, 반항심을 버리고, 건전한 본 정신으로 돌아오도록 도와주소서.

58일
신앙은 영혼과 정신을 화해시킨다

오늘의 묵상

나는 분주한 일상생활 속에서 보람을 느끼도록 하겠습니다. 나는 봄, 여름, 가을, 겨울이 주는 대자연의 즐거움을 맛보겠습니다. 나는 할 수 있는 한, 야외에서 많은 시간을 보내고, 태양과 신선한 공기는 중독을 치료해 줄 것입니다. 내적 즐거움은 알코올중독의 불순함을 순수함으로 변화시켜 줍니다.

그러나 영혼과 정신의 화해는 하느님 안에서 서로 사랑을 베푸시는 관계로 이루어지는 내적인 것임을 기억하면서, 나는 매일 하느님과 접촉하여 살도록 하겠습니다.

오늘의 말씀

하느님과 화해가 이루어졌으니 예수그리스도를 통해 구원받으리라는 것은 확실합니다(로마서 5:10).

오늘의 묵상은 나에게 어떤 의미를 주고 있습니까?

오늘의 강의

우리는 단주를 함으로써 신체적이고 정신적인 건강, 사업의 재개, 가정의 평화, 하느님과의 화해 등 많은 것들을 회복할 수 있다. 단주를 통해 우리는 술 없이도 일상생활을 즐겁게 살고, 보람을 느끼며 사는 방법을 알았다.

알코올중독 치료를 함으로써 무엇보다도 우리보다 위대한 힘의 원천인 하느님을 발견한 것이다. 우리는 우리 자신을 하느님 방향으로 돌림으로써 하느님의 도움을 받을 수 있다.

그리고 우리는 중독회복을 통해 우주 간에 세워진 초자연적인 법칙, 하느님의 존재, 하느님에 대한 신앙으로 살게 되었다. 신앙은 우리로 하여금 하느님과 나와의 화해를 하게 만들고, 하느님 안에서 서로 사랑하는 관계로 만들어 주고, 매일 하느님과 함께 살 수 있는 은총의 시간을 만들어 줄 것이다.

질문

1. 나는 매일 술을 마시지 않고, 단주를 실천하고 있습니까?
2. 술로 황폐화된 영혼과 정신을 회복하기 위해 무엇을 해야 합니까?

오 · 늘 · 의 · 기 · 도

믿음을 주시는 하느님, 제가 대자연을 통해 알코올중독을 치료해 주는 위대한 힘을 느끼게 하시고, 매일 하느님과 접촉하며 살도록 도와주소서.

59일
기도는 회복과 단주유지의 원동력이다

오늘의 묵상

나는 단주모임에 처음 왔을 때는 나 자신보다 위대하신 하느님의 힘을 진실로 믿게 되었습니다. 나는 하느님께 기도하면서 나를 알코올중독에서 구원해 달라고 간청하였습니다.

나는 이제는 술을 끊고, 매일 아침 단주에 관한 묵상을 하고, 단주를 위한 기도의 시간을 가집니다. 무엇보다도 하느님께 오늘 하루만 단주를 충실하게 할 수 있도록 하느님의 은총을 간구합니다. 그리고 매일 밤에 술을 마시지 않고, 맑은 정신으로 지내게 해주신 하느님에게 감사기도를 드립니다.

오늘의 말씀

마음을 모아 구하면 하늘에 계신 내 아버지께서는 무슨 일이든 다 들어주실 것이다(마태 18:19).

오늘의 묵상은 나에게 어떤 의미를 주고 있습니까?

오늘의 강의

기도는 영성에서 아주 흔한 공통된 표현으로 기도를 "신과의 대화"라고 정의한다. 하지만 명상적 숙고 또는 자기 내외에 존재하는 초월적 세력이나 힘과의 의사소통이라고 광의적으로 정의하기도 한다.

알코올중독자들에게 기도의 역할과 영적인 힘은 회복과 단주생활에서 아주 중요한 부분이다. 대부분의 사람들은 기도를 매일의 삶에서 중요한 부분으로 생각하고 있다.

중독자들의 치유와 회복을 위해서 그들이 가지고 있는 가치, 종교적인 믿음, 하느님께 대한 믿음, 삶에 의미를 주는 것들에 대한 영성은 매우 중요하다. 그리고 단주유지를 위해서도 기도는 필수적이다.

질문

1. 나는 단주생활을 위해 매일 기도를 바치고 있습니까?
2. 나는 지속적인 단주생활을 위해 기도가 필수적이라고 생각합니까?

오 · 늘 · 의 · 기 · 도

믿음을 주시는 하느님, 제가 저의 중독치유와 회복을 위해, 그리고 지속적인 단주생활을 위한 기도를 바치게 하소서.

60일
어떤 것도 하느님 사랑을 넘어설 수 없다

오늘의 묵상

나는 무력함과 삶을 어찌할 수 없음(1단계)을 받아들이고, 위대하신 힘과 예수 그리스도께서 우리를 온전한 정신으로 회복시켜 주신다는(2단계) 믿음으로써, 우리 삶을 하느님의 돌보심에 맡겨드리는(3단계) 결심을 준비해야 합니다. 나는 이 단계들을 진행하는 과정을 서두를 필요는 없습니다. 나는 로마서 13장 11절 "잠에서 깰 때가 된 시간"이라는 말씀에 나는 주의를 기울여야 하겠습니다.

오늘의 말씀

나는 확신합니다. 죽음도 생명도 천사들도 권세의 천신들도 현재의 것도 미래의 것도 그 밖의 어떤 피조물도 하느님의 사랑에서 우리를 떼어놓을 수 없습니다(로마 8:38-39).

오늘의 묵상은 나에게 어떤 의미를 주고 있습니까?

오늘의 강의

우리는 2단계 프로그램을 진행하면서 우리 일정이 위대한 힘의 일정과 다르다는 것을 알았다. 위대한 힘의 시간과 계획은 우리보다 훨씬 더 나을 수 있다.

우리는 오랫동안 우리 인생이 술로 서서히 무너졌다. 2단계는 알코올중독 회복의 과정으로 우리 인생을 조화롭게 발전시킬 수 있다. 단주 역시 회복과정으로 우리는 단주치료이든, 단주모임이든, 12단계모임이든 일단 시작하면, 술을 끊고 정상적인 생활로 되돌아가는 것을 볼 수 있었다. 12단계 프로그램의 과정을 믿기 위해서 회복자를 직접 만나야 한다.

우리가 하느님께 믿음을 가지고 나가면, 나머지 단계들을 진행할 수 있다. 지금 2단계에서 발전시키는 믿음은 우리가 회복하는 데 가장 중요한 빌딩블록이 된다. 회복 프로그램의 진행에서 단주성공은 하느님과의 관계에 달려 있다. 하느님께서 우리를 도울 수 있다는 것을 믿어야 한다.

질문

1. 내가 중독치료 프로그램을 받으면서 어려움을 겪고 있는 부분은 무엇입니까?
2. 나는 중독치료와 회복과정에서 어려운 문제들을 해결하기 위해 무엇을 해야 합니까?(예 가족과 친구와 함께 지내기, 기도, 조언을 구함).

오 · 늘 · 의 · 기 · 도

믿음을 주시는 하느님, 제가 당신께서 저를 온전한 정신으로 회복시켜 주신다는 믿음을 가지게 하소서.

시

단주는 내 힘이 아니라 주님의 무한한 힘으로
단주는 내 능력이 아니라 주님의 무한한 사랑으로
단주는 내 뜻이 아니라 주님의 무한한 권능으로

술에 대한 유혹들을 하나둘씩 끊어가며
단주결심 새로이 세워 오늘 하루 맑은 정신으로
험난한 단주의 길을 주님과 함께 행복하게 걸으련다.

("님이 떠나는 날" 허 근 시집에서)

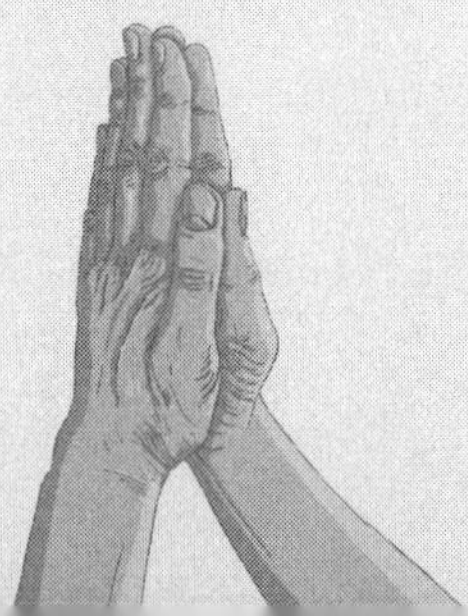

4

알코올중독 회복을 위한 단주결정

우리가 이해하게 된 대로 그 하느님의 보살핌에
우리의 의지와 생명을 완전히 맡기기로 결정했다.

61일
나는 생명과 의지를 하느님께 맡긴다

오늘의 묵상

내가 단주모임에 처음 와서 한 일은 술에 대한 무력함을 인정하는 것이었습니다. 술이 나를 지배하였고, 나는 그동안 술의 노예로 살았습니다. 내가 술에 대해 불가항력이었습니다.

그러나 나는 단주모임에서 술에 대한 문제들과 나의 생명과 의지를 하느님께 맡기기로 결정하였습니다. 나의 능력으로는 도저히 알코올중독을 해결할 수 없었기 때문입니다.

오늘의 말씀

내 멍에는 편하고 내 짐은 가볍다(마태오 11:30).

오늘의 묵상은 나에게 어떤 의미를 주고 있습니까?

오늘의 강의

우리는 이제까지 술에 대해서 무력하였고, 알코올중독을 스스로 할 수 있는 것이 아무것도 없었다. 그런데 3단계에서 "우리는 우리가 하느님을 이해하게 된 대로 하느님의 보살핌에 우리의 의지와 생명을 완전히 맡기기로 결정했다"고 말하고 있다.

그래서 우리는 3단계를 열심히 묵상하면서 우리 삶에서 하느님의 인도가 절대적으로 필요하다는 것을 알아야 한다. 우리는 하느님의 보살핌에 완전히 맡기기 위해서는 알코올중독의 삶에 항복하도록 해야 한다. 그리고 단주를 하기 위해 우리의 의지와 생명을 완전히 맡기기로 결심해야 한다.

질문

1. 내가 하느님께 나의 생명과 의지를 하느님께 맡기면, 알코올중독을 해결할 수 있다고 생각합니까?
2. 하느님은 나에게 술 대신 진정한 휴식을 줄 수 있습니까?

오 · 늘 · 의 · 기 · 도

영원하신 하느님, 제가 소중한 생명과 의지를 하느님께 맡기어 알코올중독을 온전히 해결할 수 있게 하소서.

62일
하느님은 단주의 길을 제공한다

오늘의 묵상

나는 그동안 알코올중독이 되면서 하느님과의 관계도 멀어졌습니다. 그러나 나는 지금 단주모임에 나오면서 단주를 하고, 하느님과 새로운 관계를 가지게 되었습니다.

그리고 하느님은 내가 과거 알코올중독으로부터 벗어나도록 도와주십니다. 또한 하느님은 나에게 단주생활의 길을 제공해 주고 있습니다. 나는 내가 하느님을 이해하게 된 대로 하느님의 보살핌에 나의 의지와 생명을 완전히 맡깁니다.

오늘의 말씀

마음을 다하여 야훼를 믿어라,
잘난 체하지 말고 무슨 일을 하든지 야훼께 여쭈어라.
야훼께서 네 앞길을 곧바로 열어주시리라(잠언 3:5-6).

오늘의 묵상은 나에게 어떤 의미를 주고 있습니까?

오늘의 강의

우리는 술을 끊고 살아가면서 하느님은 우리의 새로운 매니저가 되고, 우리는 하느님과의 새로운 관계의 삶을 받아들여야 한다. 그리고 하느님은 우리가 과거 중독의 해악들로부터 벗어나도록 도와주신다.

또한 하느님은 우리가 단주생활을 통해 새롭고 놀라운 경험들을 기쁘게 받아들이고, 자유롭게 사는 길을 제공해 준다. 우리는 우리가 하느님을 이해하게 된 대로 하느님의 보살핌에 우리의 의지와 생명을 완전히 맡기기로 결정할 때만이 중독, 절망, 질병, 두려움을 촉진하는 행동들로부터 멀리 떠날 수 있는 기회가 우리에게 제공될 것이다.

질문

1. 내가 나의 의지와 생명을 하느님의 보살핌에 온전히 맡겨야 한다는 것을 어떻게 알게 되었습니까?
2. 나는 이제까지 내 방식대로 하느님께 대해서 어떤 태도들을 가졌고, 어떻게 왜곡하였습니까? 그리고 하느님에 대한 믿음을 감추고 있었습니까?(예 하느님은 부재하시고, 보살핌이 없고, 잔인하다는 신념).

오 · 늘 · 의 · 기 · 도

영원하신 하느님, 제가 당신의 보살핌으로 단주생활을 철저하고 기쁘게 하도록 도와주소서.

63일
술과 하나님을 맞바꿀 수 없다

오늘의 묵상

나는 알코올중독으로 인해 인생이 너무나 많이 망가졌습니다. 그래서 나는 술을 끊고, 손상된 인생을 다시 되찾고자 합니다. 나는 나의 인생이 알코올중독으로 통제력을 상실하고, 불가능함을 알게 되었을 알게 되었습니다.

나는 인생의 가장 어려운 문제들에 직면하면서 하느님과 맞바꿀 수 없음을 깨달았습니다. 나는 알코올중독에서 회복하기를 진정으로 원하면서 나의 의지와 인생을 내놓겠습니다.

오늘의 말씀

여러분의 몸을 하느님 마음에 드는 거룩한 산 제물로 바치십시오. 이것이 바로 여러분이 드려야 하는 합당한 예배입니다(로마 12:1).

오늘의 묵상은 나에게 어떤 의미를 주고 있습니까?

오늘의 강의

우리 중의 많은 사람들은 인생의 일정한 부분만을 전환시키고자 제3단계를 시작하려는 경향이 있다. 우리는 우리 인생이 알코올중독에 있어서 통제 불가능함을 알게 된 다음에 가장 어려운 문제들에 직면하려고 한다.

우리는 단주생활을 함으로써 인생을 통제할 수 있다거나 생존에 필수적이라고 생각하기 때문에, 인생의 나머지 분야들에 매달리는 것이다. 결국 우리는 하느님과 맞바꿀 수 없음을 깨닫게 된다.

우리는 중독에서 회복하기를 원한다면, 우리의지와 인생의 모든 부분을 내놓을 준비를 해야 한다. 우리가 이 사실을 진정으로 받아들일 때, 온전해지기 위한 길이 시작된다.

질문

1. 나는 인생의 어느 부분을 하느님께 내어드리지 못했습니까? 그 이유를 설명해 보시오.
2. 내가 하느님께 나의 인생을 맡겨드리면, 알코올중독을 회복하는 데 도움이 된다고 생각합니까?

오 · 늘 · 의 · 기 · 도

영원하신 하느님, 제가 알코올중독 문제들을 직면하도록 도와주시고, 알코올중독에서 온전히 회복하게 하소서.

64일
단주를 하면 손상받은 의지가 회복된다

오늘의 묵상

나는 알코올중독으로부터 회복하여 자유로운 사람이 되는 것은 나의 의지가 아니라, 하느님의 뜻에 달려 있습니다. 그러기에 나는 알코올중독 회복에 대해 너무 걱정할 필요가 없습니다.

내가 삶에서 나의 의지와 생명을 하느님께 온전히 맡긴다는 행위는 어려운 일입니다. 하지만 내가 알코올중독에서 회복되면, 술로 인해 손상받은 의지가 되살아날 것입니다.

오늘의 말씀

무슨 일을 하든지 하느님께 맡기면, 생각하는 일이 다 이루어지리라(잠언 16:3).

오늘의 묵상은 나에게 어떤 의미를 주고 있습니까?

오늘의 강의

우리는 3단계에서 우리의 의지와 생명을 맡겨야 한다. 그러나 우리는 우리의 의지와 생명이 이 세상에서 소중한 것이라고 생각하고, 이를 하느님께 맡기는 것에 대해 주저하고 망설일 수 있다.

우리가 단주모임에 지속적으로 참석하면, 알코올중독에서 회복할 수 있고, 그것으로 해결될 수 있다. 알코올중독의 영향 아래에 있는 경우에는 독선적인 의지로 제멋대로 살 수 있다. 알코올중독의 경우, 선택의 자유를 빼앗기는 것이 중독의 본질이다. 그러기 때문에 알코올중독이 되면, 건강한 선택을 하는 의지력이 심각한 손상을 입는다. 그렇지만 알코올중독이 되고 단주하면, 본래의 의지력을 되찾을 수 있다.

질문

1. 나는 중독회복을 위해 나의 의지와 생명을 하느님께 온전히 맡길 수 있습니까?
2. 나는 하느님과 함께 단주의 길을 걸어가려는 의지가 있습니까?

오 · 늘 · 의 · 기 · 도

영원하신 하느님, 제가 알코올중독에서 회복하여 단주생활을 함으로써 술로 손상받은 의지력이 되살아나게 하소서.

65일 알코올중독은 혼자서 회복할 수 없다

오늘의 묵상

나는 술의 자제력을 잃고 취할 때까지 마셨습니다. 그래서 나는 나름대로 술을 줄여보거나 끊어보려고 노력을 했지만, 나의 의지력이 무너져서 조절음주를 할 수 없었습니다.

지금 내 앞에 나를 잡아먹으려는 무시무시한 괴물이 있을 때, 가족들이나 친구들, 하느님의 도움을 청하는 것이 당연합니다. 알코올중독 회복을 위해 주님의 도움을 청하는 것을 부끄러워하거나, 혼자 회복할 수 있다는 고집을 버리겠습니다.

오늘의 말씀

네가 돌아오려고만 하면, 내가 너를 악한 자들의 손에서 건져내고, 무도한 자들의 손아귀에서 구출해 내리라(예레미야 15:18, 21).

오늘의 묵상은 나에게 어떤 의미를 주고 있습니까?

오늘의 강의

알코올 중독이 되면 우리 자신의 의지로 술을 끊을 수가 없다. 그런데도 대다수의 알코올중독자들은 단주치료를 거부하면서 자신의 의지나 힘만으로 혼자서 술을 끊을 수 있다고 큰 소리를 친다. 그러나 단주하려는 계획은 성공하지 못한다.

우리는 알코올중독만이 아니라, 신체적인 대사의 문제도 우리의 의지대로 할 수 없다. 예를 들면, 내 마음대로 심장박동을 조절하고, 혈압을 떨어트리고, 인슐린을 분비하도록 하는 것은 의지만으로 되는 것은 아니다. 중독에서 회복하는 것은 우리 의지만으로 할 수는 없고, 중독치료 전문가와 하느님의 도움을 받을 때 가능할 것이다.

질문

1. 나는 알코올중독 회복을 위해 중독치료 전문가로부터 어떤 도움을 받아야 합니까?
2. 나는 알코올중독 회복을 위해 하느님께 어떤 도움을 청해야 합니까?

오 · 늘 · 의 · 기 · 도

영원하신 하느님, 제가 알코올중독자로서 어떤 도움이나 단주치료모임에 참석하지 않고도 혼자서 단주를 할 수 있다고 고집과 어리석음을 버리게 하여주소서.

66일
단주생활은 하나님 뜻대로 사는 것이다

오늘의 묵상

나는 알코올중독으로 인해 그동안 나의 인생을 침울한 추상화처럼 지내왔습니다. 알코올중독이 심해질수록 내가 누구인지, 내가 왜 존재하는지조차 모르게 만들었습니다.

알코올중독은 나를 술을 마시는 이유를 변명과 합리화를 하게 하였고, 계속 거짓과 위선된 삶을 살게 했습니다. 오늘 하루만이라도 나는 알코올중독에 대한 합리화를 멈추도록 노력하겠습니다.

오늘의 말씀

육체를 따라 살면 여러분은 죽습니다. 그러니 여러분은 성령의 힘으로 육체의 행실을 죽이면서 살아가야 합니다(로마서 8:12-13).

오늘의 묵상은 나에게 어떤 의미를 주고 있습니까?

오늘의 강의

술이 자신의 삶에 중심이 된 알코올중독자들은 술이 없는 새로운 삶을 원하지만 뜻대로 되지 않는다. 그래서 중독자들은 가족들이나 주위 사람들의 걱정과 상관없이 계속 술을 마신다.

알코올중독자들은 자신이 알코올중독의 증상을 보이면서도 자신의 음주행위를 합리화하는 데 급급하다. 우리도 그동안 술을 마신 후에 음주의 이유와 변명을 많이 하였다. 그래서 우리가 자신의 중독적인 삶에 중심을 하느님 중심으로 변화시켜야 한다.

알코올중독자들은 자신의 음주에 대해서 가족들이나 주위 사람들에게 알코올중독을 부정하기 위해 많은 거짓말을 했고, 합리화를 했고, 자기방어를 사용한다.

질문

1. 나는 나의 알코올중독에 대해 어떤 이유와 변명, 합리화를 하였습니까?
2. 단주를 하는 것이 내 욕망을 버리고, 하느님 뜻대로 사는 것이라고 생각합니까?

오 · 늘 · 의 · 기 · 도

영원하신 하느님, 저의 알코올중독에 대한 심한 부정과 합리화를 없애주시고, 저의 참 모습을 볼 수 있게 해주소서.

67일
중독회복을 위해 내면을 살펴야 한다

오늘의 묵상

나는 술을 마시게 되면, 본래의 나는 없어지고, 술이 취한 나로 변해 나의 정체성을 잃어버렸습니다. 그런데 알코올중독이 된 이후에는 지금 나에게 무슨 일이 일어나고 있는지도 알아차리지 못했습니다.

그러나 나는 단주모임에 와서 알코올중독의 원인이 외부에 있는 것이 아니라, 내 안에서 비롯되었음을 알았습니다. 나는 마음과 내면을 살피면서 단주에 집중하겠습니다.

오늘의 말씀

그분께서는 당신을 받아들이는 이들, 당신의 이름을 믿는 모든 이에게 하느님의 자녀가 되는 권한을 주셨다. 이들은 혈통이나 육욕이나 남자의 욕망에서 난 것이 아니라 하느님에게서 난 사람들이다(요한 1:12-13).

오늘의 묵상은 나에게 어떤 의미를 주고 있습니까?

오늘의 강의

술은 우리 자신의 정체성을 잃어버리게 만든다고 할 수 있다. 우리는 알코올중독으로 모든 것을 잃어버린다. 지금 나에게 무슨 일이 일어나는지를 모른다는 것은 놀라운 일이다.

우리들 중 대부분은 알코올중독의 원인이라고 생각되는 환경을 조절해 보려고 필사적으로 노력해 왔다. 그런데 이러한 노력의 많은 부분은 어린 시절에 형성된 것이며, 따라서 우리가 익숙해진 환경의 직접적인 결과로 나타난 것이다.

우리의 내면을 깊이 들여다보면, 누군가에 대한 분노, 비난, 위협, 폭력에 대해 공포스러운 기억, 전율할 만한 불안이 자리 잡고 있다. 어린 시절에는 단지 깨어진 약속이나 흩어진 꿈들만 남긴 채로 우리를 둘러싼 사람들이 우리를 포기하지 않기를 바라면서 그들을 붙잡아 두거나 돌보려고 한다. 중독에서 벗어나기 위해서는 우리는 술을 마시게 하는 과거의 나쁜 기억들을 치료받아야 한다.

질문

1. 나의 어린 시절의 나쁜 기억들이 어떻게 지속되었으며, 그것이 내가 알코올중독이 되는 데 어떤 영향을 주었습니까?
2. 나의 내면에 어떤 것이 알코올중독의 원인이 되었습니까?

오 · 늘 · 의 · 기 · 도

영원하신 하느님, 제가 저를 알코올중독으로 이끈 마음과 내면을 살피면서 단주에 집중하는 삶을 살도록 도와주소서.

68일
단주는 인간의 갈증과 배고픔을 만족시킨다

오늘의 묵상

나는 많은 욕구들을 가지고 있고, 그 욕구들을 충족하기 위해 노력했습니다. 그러나 나의 욕구 만족이 나 자신, 다른 사람, 하느님에게 유익하지만은 않았습니다.

나는 이제까지 삶의 공허함이나 지루함을 달래기 위해 일시적이고 찰나적인 기쁨을 주는 술을 마시면서 살았습니다. 그 결과, 나의 몸과 정신은 병들었습니다. 그러기에 나는 영적인 갈증과 배고픔을 만족시키기 위한 올바르고 건전한 수단이 단주라는 사실을 깨달아야 하겠습니다.

오늘의 말씀

내가 문밖에 서서 두드리니 누구든지 내 음성을 듣고, 문을 열면, 내가 그에게로 들어가 그와 함께 먹으리라(묵시 3:20).

오늘의 묵상은 나에게 어떤 의미를 주고 있습니까?

오늘의 강의

우리는 우리의 욕구가 무엇이든지 그 욕구들을 만족하는 일은 가장 이기적인 일이다. 우리 모두는 욕구들을 가지고 있고, 흔히 그 욕구들을 만족하기 위한 삶을 선택하고 있다.

그러나 일시적이고 찰나적인 기쁨과 즐거움을 채우기 위해 술을 마시는 것은 우리의 삶을 병들게 만든다. 알코올중독이 되면, 술에 대한 충동과 술에 대한 병적인 의존을 가지게 된다. 이것은 우리가 지닌 가장 기본적인 육체적이고, 정서적이고, 영적인 갈증과 배고픔을 만족시키기 위한 위조수단이다.

우리가 우리 자신을 맡기고, 하느님의 도움을 받을 때, 우리의 욕구들을 만족시킬 수 있는 건전한 방법들을 찾을 수 있다. 그리고 하느님께 마음의 문을 연다면, 하느님은 우리에게 단주를 가능하게 만들어 줄 것이다.

질문

1. 나는 술을 마심으로써 나의 욕구들을 만족시킬 수 있다고 생각합니까?
2. 나는 단주생활이 가장 기본적인 육체적이고, 정서적이고, 영적인 갈증과 배고픔을 만족시켜 준다고 생각합니까?

오 · 늘 · 의 · 기 · 도

영원하신 하느님, 제가 당신께 저를 맡기고, 하느님의 도움을 받을 때, 저의 모든 욕구들을 만족시킬 수 있음을 알게 하소서.

69일
과거문제와 중독문제를 하느님께 맡겨야 한다

오늘의 묵상

나는 과거 가정에서 상처받은 상황이나 음주 때문에 자주 하느님을 신뢰하지 못하게 되었습니다. 나는 나의 알코올중독 문제들을 하느님의 은총이나 사랑으로 해결하지 않았습니다.

나는 하느님께 위선적이고 가식적인 기도를 하며, 신앙생활을 하였습니다. 나는 기도생활도 소홀히 하면서 지내왔습니다. 그러나 지금은 단주모임에 나오면서 나의 과거 문제들과 중독의 문제들을 사랑이신 하느님께 맡기게 되었습니다. 나를 중독에서 회복할 수 있게 해달라고 기도하는 것이 도움이 된다는 것을 깨달았습니다.

오늘의 말씀

날마다 보살펴주시는 하느님 옆에서 안심하고 살아라(신명기 33:12).

오늘의 묵상은 나에게 어떤 의미를 주고 있습니까?

오늘의 강의

우리가 성장했던 과거 가정의 상황 때문에, 종종 우리는 하느님을 신뢰하지 못하게 되었다. 우리의 기도는 응답되지 않았고, 사랑이신 하느님이 우리에게 얼마나 무자비하실 수 있는지 상상할 수 없었다.

3단계는 우리가 다시 시작할 수 있는 좋은 기회이다. 우리가 단계들을 수행할 때, 어린 시절의 상처들의 기억을 만날 것이다. 우리는 또한 시간을 초월한 하느님의 치유사랑을 경험하기 시작할 것이다.

예수님께서는 우리가 하느님의 나라에 들어가기 위해서는 어린아이처럼 되어야 한다고 말씀하셨다. 이 말씀은 우리가 무조건적인 사랑을 주고받을 수 있는 어린아이 상태로 다시 과거와 중독회복을 할 수 있음을 깨닫는 데 도움이 된다. 따라서 우리는 어린 시절의 자발적인 모습이 돌아오고, 중독에서 회복하여 사랑을 주고받고 삶의 능력이 커질 수 있다.

질문

1. 내가 어린 시절에 하느님과 가족들로부터 받은 상처들은 어떤 것들이 있습니까?
2. 나는 3단계를 통해 과거 기억들과 중독의 경험들을 되살리고 치유할 수 있다. 내가 지금 가장 치유가 필요한 부분은 무엇인가?(예) 신뢰, 관계, 두려움, 감정, 믿음 등)

오 · 늘 · 의 · 기 · 도

영원하신 하느님, 저의 과거 음주문제들을 당신께 맡기게 하시어, 저를 중독에서 회복하여 주소서.

70일
하느님의 신뢰를 받아들여야 한다

오늘의 묵상

나는 과거에 다른 사람의 도움이 필요로 하지 않았습니다. 나는 알코올중독이 심각한데도, 혼자서 얼마든지 술을 끊을 수 있다고 자신했습니다. 그러나 나는 단주모임에 참석하면서 단주를 혼자 하기보다는 가족들, 친구들, 회복자들, 치료자들, 영적 조언자들의 도움이 필요함을 알게 되었습니다.

하느님을 신뢰와 자비를 받아들이면, 우리는 알코올중독에서 회복되고, 삶의 질이 향상될 것입니다. 나는 더 이상 내 힘만으로 중독의 짐을 짊어질 필요가 없습니다.

오늘의 말씀

여러분의 온갖 근심 걱정을 송두리째 하느님께 맡기십시오. 하느님께서는 언제나 여러분을 돌보십니다(1베드 5:7).

오늘의 묵상은 나에게 어떤 의미를 주고 있습니까?

오늘의 강의

하느님을 신뢰하고 자비를 믿으며, 하느님의 지지를 받아들이면, 우리는 중독에서 회복되고 삶의 질이 향상될 것이다. 우리는 더 이상 자신의 힘만으로 짐을 짊어질 필요가 없다. 과거의 많은 고통은 완전히 혼자라는 느낌의 결과이다. 사람과 사건들을 통제해야 하였기에 우리는 고립되었다. 하지만 우리가 신뢰하고 중독에 항복할 때, 다른 사람들과 더 좋은 관계를 시작할 수 있고, 중독회복을 할 수 있다.

하느님께서 우리와 함께 계심으로 우리 자존감은 나아질 것이며, 우리가 가치 있는 인간이라는 것을 인식하기 시작할 것이다. 사랑을 받고 사랑할 수 있는 능력을 성장시킬 것이며, 우리는 단주모임과 나눔에 큰 가치를 부여하게 될 것이며, 중독회복에 많은 도움이 될 것이다.

질문

1. 내 마음에 가장 큰 부담이 되는 짐은 무엇입니까?
2. 나는 단주모임에서 가치 있는 인간이라는 것을 인식하고, 사랑의 능력을 성장시킬 수 있습니까?

오 · 늘 · 의 · 기 · 도

영원하신 하느님, 저는 중독으로 인한 모든 근심과 걱정을 송두리째 하느님께 맡기오니, 저를 중독에서 회복시켜 주소서.

71일 나는 술에 병적으로 의존이 되었다

오늘의 묵상

나는 알코올중독으로 음주에 속박을 당했고, 음주가 나의 삶의 중심을 차지했습니다. 나는 중독문제들을 직면하지 못하고, 중독으로 잘못된 신념과 자만심에 빠져 있었습니다.

나는 술에 병적인 의존이 되었고, 고의적이고 자기중심적이 되었습니다. 나는 알코올중독을 나의 관점으로만 바라보았지만, 이제는 단주하면서 하느님 중심으로 살겠습니다.

오늘의 말씀

형제 여러분, 여러분 중에는 믿지 않는 악한 마음을 품고 살아계신 하느님께로부터 멀어져 나가는 사람이 없도록 조심하십시오(히브리서 3:12).

오늘의 묵상은 나에게 어떤 의미를 주고 있습니까?

오늘의 강의

알코올중독은 이미 우리가 음주에 속박을 당한 것이고, 중독자들의 공통점은 진리와 현실을 거부한다. 알코올중독 문제들을 직면하지 못하고, 잘못된 신념과 자만심에 빠져 있다. 그래서 중독자들은 자신의 문제를 자기 관점으로만 바라보기 때문에, 자아중심적이 된다.

중독자들은 병적인 의존으로 인해 자기중심적이 되고, 자기중심적이라는 말은 심한 불안을 위장한다는 것이다. 또한 알코올중독은 자기중심적인 상태에 있는 것이다. 알코올중독에서 회복하기 위해서 나 중심적인 잘못된 신념과 생각을 버려야 단주신념과 생각으로 바뀔 수 있다.

성경을 읽어보면, 하느님은 중독에 걸려 술을 주인으로 모시고 사는 것을 용납하지 않는다. 모든 중독은 우리 삶의 중심을 차지하며, 하느님과 멀어지는 삶을 살게 한다.

질문

1. 나는 술에 병적인 의존이 되었다고 생각합니까?
2. 나는 술 없이 하느님 중심으로 살겠다는 결심하였습니까?

오 · 늘 · 의 · 기 · 도

영원하신 하느님, 저로 하여금 중독으로 인한 자기중심적인 생각을 없애주시어, 당신께서 저의 삶의 중심을 차지하소서.

72일
자기중심성을 하느님께 무조건 양도해야 한다

오늘의 묵상

나는 그동안 알코올중독에 빠져 있으면서 나를 알코올중독 상태에 빠트리는 고통을 처리하려고 자기중심성의 경향을 가지게 되었습니다. 그런데 자기중심성은 나를 더욱더 깊은 알코올중독에 빠지게 하였습니다.

그런데 나는 단주치료모임에 나오면서 알코올중독의 고통을 이기고, 중독에서 회복하기 위해서는 궁극적으로 나 자신으로부터 빠져나와 나를 객관적으로 보겠습니다.

오늘의 말씀

이기주의에 빠지면 교만해지고, 무절제하고, 선을 좋아하지 않고, 하느님보다 쾌락을 더 사랑할 것이다(2디모 3:2).

오늘의 묵상은 나에게 어떤 의미를 주고 있습니까?

오늘의 강의

알코올중독자는 술에 대해 무조건 하느님께 항복해야 한다. 하느님께 나가는데, 가장 힘든 방해물인 자기의지를 하느님께 무조건 양도해야 한다. 알코올중독자의 가장 심각한 문제는 중독 그 자체가 아니라, 자기중심성이다. 알코올중독자는 자기를 중심으로 세상을 바라보고, 사람들을 이해하고, 모든 것을 통제하려고 한다.

기만적인 중독자는 하느님을 우리 방식으로 우리를 치료해 줄 분으로 무의식적으로 생각하지만, 술을 절대로 끊지 못한다. 그러기에 중독자가 자기 생명을 하느님께 양도하는데, 항상 방해물이 되어온 자기의지를 죽이는 길은 자기의 의지와 생명을 완전히 하느님께 맡기는 결단과 행동에 있다. 우리의 자기중심성을 하느님께 무조건 양도하면, 단주에 성공한다.

질문

1. 나는 알코올중독의 고통을 처리하려고 자기중심적으로 말하고, 행동하지는 않았습니까?
2. 나는 나의 자기중심성을 하느님께 무조건 양도하면, 단주에 성공한다고 생각합니까?

오 · 늘 · 의 · 기 · 도

영원하신 하느님, 저는 저를 알코올중독 상태에 빠트리는 자기중심성을 없애주시기를 기도하오니 들어주소서.

73일
음주충동을 하느님께 맡겨야 한다

오늘의 묵상

술을 마시고 싶은 생각이 들 때, 나는 나 자신에게 "나는 다시 술을 마심으로써 일어나는 문제들을 되돌려 와서는 안 된다. 나는 술에 관해서는 하느님의 손에 맡겼으니, 내가 할 수 없는 것은 아무것도 없다"라고 말합니다.

나는 나에게 이렇게 말함으로써 술에 대한 생각을 없애야 합니다. 나는 단주모임에서 참석하여 나의 알코올중독 문제를 하느님께 맡기어 해결하도록 간절히 부탁하겠습니다.

오늘의 말씀

정신을 바짝 차리고 깨어 있으십시오. 여러분의 원수인 악마가 으르렁대는 사자처럼 먹이를 찾아다닙니다(1베드 5:8).

오늘의 묵상은 나에게 어떤 의미를 주고 있습니까?

오늘의 강의

알코올중독자들은 '술에 대한 탐색행동'이나 '술에 대한 강박관념'을 나타낸다. 예를 들면, 밤에 잠을 자다 깨어나 술을 마시고 싶은 생각이 나면, 어떻게든지 술을 마신다. 만약 집에 술이 없으면, 새벽이라도 술을 사러 가게에 간다. 알코올중독이 아닌 사람은 술을 마시지 않고, 또 잠을 잔다.

알코올중독자들은 술을 마시고 싶다는 생각이 나면, 음주충동을 없애려고 하지만, 머릿속에 집요하게 달라붙어 떨어지지 않는다. 그러기에 중독자들은 '술에 대한 탐색행동'이나 '술에 대한 강박관념'을 없애기 위한 방법은 꾸준히 단주모임에 참석하는 것이다.

질문

1. 나는 위의 주님의 말씀이 지금 나에게도 적용될 수 있다고 생각합니까?
2. 내가 알코올중독 문제를 하느님께 맡긴 때가 언제입니까?

오 · 늘 · 의 · 기 · 도

영원하신 하느님, 저는 저의 알코올중독 문제를 당신께 맡기고, 해결하도록 간절히 기도하오니 도와주소서.

74일
술 문제를 하느님께 완전히 맡겨야 한다

오늘의 묵상

나는 과거 술을 마시는 동안 나의 의지만으로 술을 조절하려고 했지만, 매번 실패를 하였습니다.

그러다가 나는 단주모임에 와서 "나는 술에 무력하다"라는 사실을 인정하였습니다. 그리고 내가 술을 끊는 유일한 방법은 하느님에게로 방향을 바꾸는 것임을 인식하게 되었습니다. 나는 술의 문제를 하느님께 완전히 맡기겠습니다.

오늘의 말씀

모든 것은 하느님께서 주시는 것이기에 하느님께 바칩니다(1역대 29:14).

오늘의 묵상은 나에게 어떤 의미를 주고 있습니까?

오늘의 강의

우리는 자신의 체험으로 시작한 일이 잘 이루어지지 않는 것을 안다. 이제까지 우리 삶을 살펴보면, 알코올중독을 극복할 힘이 없다는 것을 인식하게 된다. 우리가 중독문제 해결을 위해 모든 가능한 노력을 해도 소용이 없다.

우리가 단주묵상을 하면, 마음 내부로부터 "하느님은 내 안에 계시며, 전능하신 분이시다"라는 말씀을 듣게 된다. 중독회복을 향한 첫 단계는 우리가 내적으로 연약하다는 것이다.

우리 주위를 살펴보면, 알코올중독에서 회복된 사람들을 만날 수 있다. 그들 역시 스스로의 힘으로 중독을 치료할 수 없었지만, 현재는 술을 마시지 않고 건강하게 살고 있다. 회복된 사람들을 보면서 하느님이 회복시켜 주었다는 결론을 가지게 된다. 하느님에게 나의 모든 것을 맡기면 중독에서 회복할 수 있다.

질문

1. 나는 하느님 없이도 알코올중독을 해결할 수 있습니까?
2. 내가 하느님에게 모든 것을 맡기면, 알코올중독에서 회복할 수 있습니까?

오 · 늘 · 의 · 기 · 도

영원하신 하느님, 제가 술에 있어서 무력함을 인정하게 하시고, 알코올중독 문제를 당신께 완전히 맡기게 하소서.

75일
단주는 술의 욕구를 포기하는 것이다

오늘의 묵상

사람이 나는 알코올중독에 빠져 있을 때, 나의 의지와 힘만으로는 술을 끊을 수 없었습니다. 내가 매일 술을 마시던 때의 삶은 자유와 평화가 없는 지옥과 같은 생활이었습니다.

나는 단주모임에 나오면서 비로소 술을 마시지 않고, 살아가는 방법을 배울 수 있었습니다. 그래서 나는 술의 악순환으로부터 벗어나, 단주를 할 수 있게 되었습니다.

오늘의 말씀

예수를 죽은 이들 가운데서 다시 살렸다는 것을 마음으로 믿는 사람은 구원을 받을 것입니다(로마 10:9).

오늘의 묵상은 나에게 어떤 의미를 주고 있습니까?

오늘의 강의

중독자들은 술을 조절하려는 욕구를 가지고 있다. 이 욕구는 거의 강박적인 수준으로 자신의 독선적인 의지와도 밀접한 관련이 있다. 술을 조절하려는 욕구는 중독자의 특징이다. 이런 특징이 하느님의 보살핌에 우리의 의지와 생명을 맡기는 결정을 하는 데 방해가 될 수 있다.

알코올중독의 가장 분명한 증거는 술에 대한 조절력 상실이다. 중독자들은 그들 자신, 가족들, 타인들, 환경을 지나치게 조절하려고 함으로써 술에 대한 조절력 상실을 보상한다. 회복 초기에 있는 사람들은 회복과정 자체를 조절하려고 시도한다. 그래서 중독회복을 위해서는 술을 조절하려는 욕구를 포기하고, 우리 의지와 생명을 하느님께 온전히 맡겨야 한다.

질문

1. 나는 어떻게 해야 술을 조절하려는 욕구를 포기할 수 있습니까?
2. 내가 알코올중독이란 사실을 주위 사람들에게 고백하는 것이 단주에 도움이 됩니까?

오 · 늘 · 의 · 기 · 도

영원하신 하느님, 제가 술의 악순환으로부터 벗어나 자유로운 마음으로 단주를 할 수 있게 하소서.

76일
중독과 싸우기 위해 하나님의 뜻이 최선이다

오늘의 묵상

나는 알코올중독으로 아주 유치한 생각과 행동을 하였고, 중독이 심해질수록 퇴행적인 삶을 살았습니다. 내가 알코올중독에서 회복할 때만이 유치하고 퇴행적인 삶을 변화시킬 수 있습니다.

중독적인 삶이 아니라, 새로운 생활을 성장시키기 위해서는 하느님의 뜻을 받아들여 먼저 새사람이 되어야 합니다. 나는 항상 내 뜻대로 살지 않고, 하느님의 뜻이 최선이라는 것을 명심하면서 하느님의 뜻을 따르도록 노력하겠습니다.

오늘의 말씀

야훼께서 내 편이 되어 도와주시니, 하느님께 몸을 숨기는 것이 사람을 의지하는 것이 더 낫다(시편 118:7-8).

오늘의 묵상은 나에게 어떤 의미를 주고 있습니까?

오늘의 강의

사람이 예수 그리스도는 아버지의 뜻을 받아들여 "새사람이 되는 것"의 모범을 보여주셨다. 이것은 예수님이 모든 악을 쳐부수고, 십자가와 부활의 승리를 이끌어 냈다는 것이다. 예수님이 지상에서의 사는 동안 우리에 대한 사랑은 악의 세력과 끊임없이 대결하였다. 예수님은 하느님 아버지를 신뢰하였기 때문에, 악과의 대결에서 강하고 확고부동했다.

그렇지만 예수님은 자기 자신과도 대결하고 있었다. 하느님의 뜻을 행하는 예수님의 애쓰심이 항상 쉬운 것은 아니었다. 예수님조차도 기도로 자신의 어려움을 표현하셨지만, 하느님의 뜻이 최선이라는 것을 알고 있었기에 항상 하느님의 뜻을 따랐다. 우리도 술과 싸워 알코올중독에서 회복하기 위해 항상 기도하며, 하느님의 뜻을 행해야만 한다.

질문

1. 내가 알코올중독에서 회복할 때, 더 이상 유치하고 퇴행적인 삶을 살지 않을 것이라고 확신합니까?
2. 나는 왜 하느님보다도 술을 더 신뢰했습니까?

오 · 늘 · 의 · 기 · 도

영원하신 하느님, 제가 알코올중독에서 회복하여 언제나 주님의 뜻을 실천하여 새로운 생활을 하게 하소서.

77일
하느님만이 중독의 탈출구이다

오늘의 묵상

나는 그동안 알코올중독으로 인한 십자가를 지고 살았습니다. 그러나 알코올중독은 나에게 고통만을 가져다주었습니다. 아직도 중독의 강력한 영향력이 나를 괴롭히고 있습니다.

내가 술의 유혹으로부터 벗어나기 위해 하느님에게 모든 짐을 맡기도록 하겠습니다. 하느님만이 나의 모든 고통과 어려움으로부터의 탈출구라는 것을 잊지 않도록 하겠습니다.

오늘의 말씀

예수님이 기도하시며 이렇게 말씀하셨다. "아버지, 제 뜻대로 마시고 아버지의 뜻대로 하소서"(마태오 26:39).

오늘의 묵상은 나에게 어떤 의미를 주고 있습니까?

오늘의 강의

사람은 누구나 이 세상에서 우리 또한 십자가를 지고 살아가고 있다. 우리 중 몇몇은 아직도 과거 알코올중독으로 인한 행동장애의 강력한 영향력을 경험하고 있을지도 모른다. 우리의 중독 – 마약, 파괴적인 관계, 성관계, 술, 돈, 음식 – 이 무엇이든 간에 우리는 영적 사망뿐만 아니라, 신체적 사망의 가능성에 대면하고 있다.

우리가 이러한 중독의 유혹으로부터 벗어남에 따라, 우리는 자기에게 짐을 던지라는 하느님의 제안을 받아들인다. 과거에는 중독이나 강박적인 행동이 우리가 고통으로부터 탈출하도록 했다. 하지만 지금은 하느님이 우리가 중독에서 탈출하도록 당신 자신을 제공하고 있다.

질문

1. 그리스도의 수난과 죽음사건이 내가 3단계의 어려움을 파악하는 데 어떤 도움을 줄 수 있습니까?
2. 아버지의 뜻에 순종하겠다는 용의가 내가 알코올중독으로부터 벗어나는 것과 어떤 방식으로 관련되어 있습니까?

오 · 늘 · 의 · 기 · 도

영원하신 하느님, 제가 알코올중독으로부터 벗어나기 위해 당신에게 모든 짐을 맡기고, 주님의 뜻만을 헤아려 살게 하소서.

78일
하느님의 존재를 믿는 것이 회복에 도움이 된다

오늘의 묵상

나는 술을 마시던 때, 하느님에 대해 올바른 인식을 갖지 못했고, 하느님에게 내 생명과 의지를 의탁하려는 생각도 전혀 하지 못했습니다.

그러나 내가 지금 단주모임에 참석하면서 "내가 이해한 대로 하느님의 보살핌에 나의 생명과 의지를 완전히 맡기는 것"을 매일 실행하면, 나의 중독적인 삶에 변화가 일어날 것입니다. 그러면 하느님께서 나를 인도하실 것입니다.

오늘의 말씀

이제는 내가 사는 것이 아니라, 그리스도께서 내 안에 사시는 것입니다. 내가 지금 사는 것은 나를 사랑하시고 자신을 바치신 예수님의 믿음으로 사는 것입니다(갈라티아 2:20).

오늘의 묵상은 나에게 어떤 의미를 주고 있습니까?

오늘의 강의

우리가 3단계 작업을 매일의 일상적인 작업으로 실행하게 되면, 우리에게 변화가 일어날 것이다. 우리는 모든 사람들과 모든 것들에 대한 책임감을 덜 느낄 것이다. 이전에 우리가 알코올중독에 빠져 있을 때, 결코 경험해 보지 못했던 평화와 평온함이 우리에게 다가올 것이다. 우리의 눈이 열릴 것이고, 점점 더 하느님께서 우리를 인도 하신다는 것을 알게 될 것이다.

주변 사람들은 우리가 더 자신 있고 신뢰할 수 있다는 것을 알게 될 것이다. 하느님의 존재하심이 우리 일상생활에 어떻게 도움이 되는지 살펴보는 것이 단주에 도움이 될 것이다.

질문

1. 하느님은 알코올중독에 빠져있는 나를 어떻게 인도할 수 있습니까?
2. 하느님의 존재하심을 믿는 것이 나의 단주생활에 어떻게 도움이 됩니까?

오 · 늘 · 의 · 기 · 도

영원하신 하느님, 제가 당신의 보살핌에 저의 생명과 의지를 완전히 맡기어, 알코올중독에서 저를 해방시켜 주소서.

79일
신앙은 중독회복을 가져온다

오늘의 묵상

나는 과거 술을 마시던 시절에 하느님에게 절대적인 신뢰를 가지지 못했습니다. 그러나 단주모임에 나오면서 알코올중독에서 나를 지켜주시는 하느님의 힘에 절대적인 신뢰를 두게 되었고, 나의 술 문제를 무조건 하느님에게 맡겼습니다.

나는 하느님의 도움으로 술에서 완전히 해방되었습니다. 그러나 나의 신앙은 아직 약하기 때문에, 나는 앞으로 단주하면서 계속 신앙을 강하게 만들겠습니다.

오늘의 말씀

너희가 기도하며 구하는 것이 무엇이든 그것을 이미 받았다고 믿기만 하면 그대로 다 될 것이다(마르코 11:24).

오늘의 묵상은 나에게 어떤 의미를 주고 있습니까?

오늘의 강의

우리의 중독회복이 얼마나 많이 진행되었든지 간에 우리는 계속해서 우리의 삶을 하느님의 보살핌 속에 맡기고 방심하지 않아야 한다.

우리가 또 다시 술을 마시지 않기 위해서는 확고한 단주규칙들을 있어야하고, 그것을 철저하게 지켜야 한다. 우리가 재발을 예상하지 않는 것은 어리석은 일이다.

우리는 항상 재발 위험성을 인식하고, 매일 기꺼이 단주모임에 참석하고, 매일 열심히 단주 프로그램을 수행해야 한다. 하느님을 신뢰하는 우리의 의지는 우리 회복을 확실하게 한다.

질문

1. 내가 3단계를 수행한 덕분에 나에게 어떤 변화가 일어났습니까?
2. 나는 단주유지를 위해 일상생활에서 3단계를 어떻게 실천해야 합니까?

오 · 늘 · 의 · 기 · 도

영원하신 하느님, 제가 단주규칙들을 철저하게 지키어 단주생활을 기쁘게 하도록 도와주시고, 저의 약한 신앙은 강하게 만들어 주소서.

80일
하느님과 진정한 친교는 회복에 도움을 준다

오늘의 묵상

나는 이제까지 술을 마시면서 나의 오관의 쾌락을 충족시키는 삶을 살아왔습니다. 나의 오관은 나를 물질적인 세계와 자연과 통할 수 있게 해줍니다.

내가 우주의 위대한 하느님과 진정한 친교와 대화를 나누기 위해서는 내 주위의 모든 물질적인 것들과 관계를 끊어야 합니다. 나의 음주는 하느님을 만나는 데 방해물이 되었기 때문에, 술을 반드시 끊어야만 합니다.

오늘의 말씀

나를 믿는 사람은 내가 하는 일을 할 뿐만 아니라, 그보다 더 큰 일도 하게 될 것이다. 너희가 내 이름으로 청하는 것은 무엇이든지 내가 다 이루어 주겠다. 그리하여 아버지께서 아들을 통해 영광스럽게 되도록 하겠다(요한 14:12-13).

오늘의 묵상은 나에게 어떤 의미를 주고 있습니까?

오늘의 강의

우리의 오관은 우리를 물질적인 세계와 통교 역할을 해주고, 내 육신생활과 내 주위에 있는 자연과 연결시켜 준다. 그런데 우리는 중독이 되면서 우리의 오관을 세상의 아름다움을 바라보고 느끼는 데 사용하기보다는, 술을 마시면서 나의 오관의 쾌락을 만족시키면서 살아왔다.

우리는 단주를 하고 온전한 회복을 하기 위해서는 오관을 통해 육적인 만족을 하기보다는, 영적인 만족을 위해 사용해야 한다. 우리의 오관을 올바로 사용하면, 하느님의 사랑을 느끼고, 매일 기도와 묵상을 통해 마음의 평온함을 가질 수 있을 것이다.

질문

1. 나의 오관을 올바로 사용하는 것이 단주에 얼마나 도움이 됩니까?
2. 내가 하느님에게 나의 문제해결을 청하면, 하느님께서 나에게 도움을 주실 것이라는 믿음을 가지고 있습니까?

오 · 늘 · 의 · 기 · 도

영원하신 하느님, 술을 마시면서 저의 오관의 쾌락을 충족시키는 삶을 멀리하게 하시고, 제가 단주생활을 기쁘게 하도록 도와주소서.

81일
하느님께 대한 믿음은 중독을 회복시켜 준다

오늘의 묵상

나는 어렸을 때, 하느님이 위대하신 분이고 전지전능하신 분으로 생각했었습니다. 내가 알코올중독이 심해지면서 하느님께 대한 믿음과 신뢰에 금이 갔습니다.

술은 나에게 나 자신, 타인들, 심지어는 하느님마저 믿지 못하게 만들었습니다. 나는 술로 인해 더 이상 희생을 당하지 않아야 하겠고, 단주를 함으로써 하느님께 대한 믿음을 회복하겠습니다.

오늘의 말씀

나는 결코 너를 떠나지도 않겠고 버리지도 않겠다(히브리서 13:5).

오늘의 묵상은 나에게 어떤 의미를 주고 있습니까?

오늘의 강의

하느님에 대한 인식이 어렸을 때는 하느님이 우리 삶에 강력한 힘을 발휘하고, 많은 영향력을 행사했던 경험을 가지고 있다. 만약 우리가 과거에 가족들이나 다른 사람들로부터 학대받고, 고통과 희생을 당했다면, 지금 우리는 하느님에게도 그런 나쁜 성향들이 있는 것으로 이해할 수 있다.

그리고 위대한 힘을 가진 사람들이 나에게 피해와 상처를 주었다는 이유로 하느님도 우리를 해치실 것이라는 결론을 내려서는 안 된다. 예수님은 자발적으로 자신의 삶을 하느님의 뜻에 맡겼다. 시편 저자는 "사람을 신뢰하는 것보다 하느님을 신뢰하는 것이 더 낫다(시편 118:8)" 하고 말씀하셨다. 우리도 과거 다른 사람에 대한 불신으로 사람들을 믿지 않으려고 할 수 있다. 우리는 3단계를 통해 우리 의지와 생명을 하느님께 의탁하는 결정을 해야 한다.

질문

1. 나는 술을 마시던 때에 다른 사람들로부터 피해와 상처를 받은 경험들이 있습니까?
2. 나는 어떻게 해야 하느님과의 관계를 회복할 수 있습니까?

오 · 늘 · 의 · 기 · 도

영원하신 하느님, 제가 술에 대한 욕망을 버리도록 도와주시고, 저의 삶을 당신께 의탁하게 하소서.

82일
단주는 생명을 선택하는 것이다

오늘의 묵상

나는 살아오면서 술을 탐닉하고, 장기간 과음한 결과, 알코올중독이 되었습니다. 알코올중독에 빠져 있을 때도 항상 술을 선택하며 살았습니다.

내가 술을 선택한 태도가 얼마나 잘못되었는지를 단주모임에 와서 비로소 깨달았습니다. 이제는 생명을 선택할 수 있는 단주를 선택하며 살도록 노력해야 하겠습니다.

오늘의 말씀

나는 오늘 생명과 죽음, 행복과 불행을 너희 앞에 내놓는다(신명기 30:15).

오늘의 묵상은 나에게 어떤 의미를 주고 있습니까?

오늘의 강의

인간은 누구나 죽느냐, 사느냐 하는 결정을 내려야 할 경우가 있다. 우리 모두는 자유의지의 초 특권, 즉 삶에서 우리가 선택할 수 있는 능력을 가지고 태어났다. 비록 우리가 알코올중독에 빠져 있을 때도 선택하며 살았다.

알코올중독에서 회복 중일 때는 다시 중독으로 빠지려는 유혹들에 직면한다. 선택의 자유는 우리가 선택한 결과에 대한 책임감이 따른다. 그러기에 우리의 선택은 우리 삶과 다른 사람들의 삶에 영향을 미친다. 그러므로 자유의지는 우리가 누릴 수 있는 축복이며 책임이다.

비록 우리가 알코올중독에 빠져 이를 통제하지 못한다고 하더라도 우리는 죽음이 아니라, 생명을 선택할 수 있어야 한다. 그리고 하느님을 사랑하고, 영적 회복 프로그램을 선택하여 중독에서 회복해야 한다.

질문

1. 내가 술을 선택한 삶이 알코올중독으로 진행되었습니까?
2. 내가 단주를 선택하면, 영원한 생명을 살 수 있습니까?

오 · 늘 · 의 · 기 · 도

영원하신 하느님, 제가 영원한 생명을 살 수 있는 단주를 선택하도록 도와주소서.

83일
술은 피난처가 아니다

오늘의 묵상

나는 알코올중독에 빠져 있을 때, 하느님이 아닌 술의 통제를 받았고, 나의 삶에 대한 책임마저 포기하였습니다.

그러나 단주모임에 참석하면서 나는 하느님께 의지와 삶을 맡긴다는 생각을 가졌습니다. 이제부터는 알코올중독의 생활 대신에 나를 알코올중독에서 회복시켜 주실 하느님에게 나의 삶을 무조건 맡기도록 하겠습니다.

오늘의 말씀

원수가 달려들 때, 하느님은 나의 피난처이고, 견고한 성루입니다 (시편 61:3).

오늘의 묵상은 나에게 어떤 의미를 주고 있습니까?

오늘의 강의

우리가 중독에서 회복하려고 할 때, 우리의 의지와 삶을 하느님에게 맡겨야 한다. 중독자들은 중독이 되었을 때, 하느님이 아닌 술의 통제력을 받는다. 그리고 술로 인해 일어난 문제들에 대해서 책임을 지려고 하지 않는다.

우리가 현실에서 도피하고 싶을 때, 술은 우리에게 강력하고 안전한 도피처가 되고, 매력적이고 행복한 감정을 느끼게 만든다. 그래서 우리의 의지와 삶에 통제력을 포기하려는 생각이 아주 편안하게 느껴질 수 있다.

우리는 알코올중독의 생활에서 벗어나도록 우리의 삶을 온전히 하느님에게 맡겨야 한다. 우리가 삶의 문제나 고통으로 도피처가 필요할 때, 술이 아닌 하느님만이 우리가 의지할 새로운 피난처임을 명심해야 한다.

질문

1. 나는 알코올중독으로 삶을 통제할 수 없었던 경우들이 있었습니까?
2. 나는 나의 피난처가 술이 아니라, 하느님이 내가 의지할 진정한 피난처라고 생각합니까?

오 · 늘 · 의 · 기 · 도

영원하신 하느님, 제가 알코올중독에 빠져 술의 통제력을 받았사오니, 당신의 통제를 받으며 살아가게 하소서.

84일
하느님은 죄나 상처를 치유하신다

오늘의 묵상

내가 단주를 결심한 지금은 과거 알코올문제들을 가지고 하느님 앞에 나가야합니다. 나는 나의 삶을 하느님에게 의탁하면서 술로 인해 일어난 죄책감, 수치심, 실패를 모두 하느님에게 맡기겠습니다.

하느님은 나의 구원자이시기에 알코올중독이 되어서 범한 모든 죄들이나 상처들을 치유하시어, 전에 건강한 상태로 복원해 주실 것입니다.

오늘의 말씀

두려워 마라. 네가 다시는 수치를 당하지 않으리라. 수줍어 마라. 다시는 창피를 당하지 않으리라(이사야 54:4).

오늘의 묵상은 나에게 어떤 의미를 주고 있습니까?

오늘의 강의

우리가 술을 끊고, 알코올중독에서 회복하기 위해서는 술로 인한 모든 문제들을 가지고 하느님 앞으로 나와야 한다. 과거 실패, 손실, 죄책감, 수치심등 모두를 하느님께 의탁해야 한다.

알코올중독 시절에 치욕스러운 순간들, 깨어진 약속들, 외로움, 이루지 못한 꿈과 희망, 단절된 관계들, 성공과 실패 등 모든 나쁜 일들과 그로 인한 상처들을 하느님에게 넘겨드려야 한다.

하느님은 우리의 구세주이기 때문에, 우리의 모든 실패를 복원해 주실 것이다. 그리고 우리의 중독의 모든 문제들을 해결해 주시고, 우리 마음의 공허함을 채워주실 것이다.

질문

1. 나는 알코올중독으로 어떤 문제들을 일으켰습니까?
2. 하느님이 나의 모든 중독문제들을 해결해 주시고, 중독으로 상처를 가진 나를 복원시켜 줄 수 있습니까?

오 · 늘 · 의 · 기 · 도

영원하신 하느님, 저는 알코올중독으로 많은 죄를 범하였사오니 저에게 용서와 자비를 베풀어 주소서.

85일
하느님의 인도만이 회복할 수 있다

오늘의 묵상

나는 삶의 고통이 너무 감당하기 어려울 때, 즐거움을 얻기 위해서, 스트레스나 고통을 잊어버리려고 술을 마셨습니다. 하지만 술은 나에게 삶의 고통들이나 고독을 해결해 주지 못했습니다. 오히려 술이 나의 삶을 더욱 어렵게 만들었습니다.

나는 단주모임에서 술로써 삶의 문제들을 해결하려고 한 것이 매우 잘못되었음을 깨달았습니다. 나는 하느님이 인도하는 방향으로 나갈 때, 중독에서 회복하여 마음의 평화를 얻을 것입니다.

오늘의 말씀

내가 너희 곁에 있으니 걱정하지 마라. 내가 너의 하느님이니 내가 너의 힘이 되어주고, 내가 도와준다(이사야 41:10).

오늘의 묵상은 나에게 어떤 의미를 주고 있습니까?

오늘의 강의

우리는 중독의 고통이 너무 무거워져서 우리 삶이 죽음으로 치닫는 것을 발견할 때, 누군가가 우리를 올바른 길로 인도해 주기를 바란다. 우리는 중독으로 잘못된 삶을 올바른 궤도에 올려놓으려고 노력했지만, 항상 성취하지 못했다. 잠언 14장 12절에서는 "바르게 사는 사람은 야훼를 경외하고, 빗나가는 사람은 야훼를 업신여긴다"고 말하고 있다.

우리가 처음 술을 마시기 시작했을 때는 쾌락을 추구하거나 고통을 극복하기 위해서였다. 초기에는 옳은 방법이라고 생각했으나, 단주 모임에서 잘못된 방법이라는 것을 알았다. 중독이 된 후부터는 도저히 우리 힘으로 회복할 수 없었다.

그러나 우리의 삶과 의지를 하느님이 원하시는 방향으로 따라가기로 결심을 내린다면, 중독회복은 시작될 것이다. 오직 하느님만이 중독이 된 우리의 마음을 되돌리시어 회복으로 나가게 할 것이다.

질문

1. 나는 술이 내 인생의 문제들을 해결할 수 있다고 생각했습니까?
2. 하느님만이 중독이 된 나를 회복으로 나가게 할 수 있습니까?

오 · 늘 · 의 · 기 · 도

영원하신 하느님, 제가 당신이 인도하는 방향으로 걸어가 알코올중독에서 회복하여 마음의 평화를 얻게 하소서.

86일
술의 현혹함에서 벗어나야 한다

오늘의 묵상

나는 하느님에게 나의 삶을 의탁하기보다는 술에 모든 것을 의존하며 살았습니다. 내가 알코올중독이 되기 전에는 하느님이 내 삶의 중심이었고, 나는 하느님을 믿고, 하느님 말씀을 따랐습니다.

술은 나를 현혹시키고, 나의 삶의 모든 면을 파괴시켰습니다. 그럼에도 불구하고 나는 알코올중독으로 이끈 술을 하느님으로 생각하고, 삶의 모든 것을 해결해 주리라 믿었습니다.

이제는 '가짜 신'인 술의 현혹함에서 벗어나 술에서 나를 구원하실 하느님을 만나고, 앞으로 하느님을 믿는 삶을 살겠습니다.

오늘의 말씀

너희가 일편단심으로 나를 찾으면, 내가 만나주리라(예레미아 29:13).

오늘의 묵상은 나에게 어떤 의미를 주고 있습니까?

오늘의 강의

알코올중독자는 술에 의존하며 산다. 우리 삶을 하느님께 의탁하기 전에, 우리는 하느님이 누구인지를 정확하게 이해해야 한다. 하느님은 우리를 현혹시키고 파괴시키는 '세속적인 신'이 아니라, 우리를 사랑하시는 하느님이다.

사도 바오로는 "그들이 믿지 않는 것은 이 세상의 악신이 그들의 마음을 어둡게 했기 때문입니다"라고 말씀한다. 사탄이 하느님 발견과 만남을 현혹시켰다. 중독 자체가 신으로 위장하고, 우리는 술을 신으로 모시며 살았다. 하지만 술은 우리에게 고통만을 가져다주었고, 우리 삶을 파괴시켰다.

우리가 하느님을 잘 모르더라도 하느님은 우리 가까이에 있는 분이다. 우리가 진심으로 하느님을 찾으면 만날 수 있고, 하느님께서는 우리를 중독에서 구원해 줄 것이다.

질문

1. 나는 술이 내 삶의 모든 것을 해결해 주리라 믿었습니까?
2. 내가 하느님을 만나면 알코올중독에서 구원받을 수 있습니까?

오 · 늘 · 의 · 기 · 도

영원하신 하느님, 저는 술은 저에게 고통을 가져다주었고, 삶을 파괴시켰으니, 당신께서 저를 술에서 구원해 주소서.

87일
단주를 하기 위해 하느님께 나를 맡겨야 한다

오늘의 묵상

나는 알코올중독이 되면서 술에 무력하게 되었고, 스스로 극복하기에는 불가능하다는 것을 깨달았습니다. 나의 알코올중독 문제를 하느님만이 해결할 수 있음을 알게 되었습니다.

나는 내 의지로 알코올중독을 해결하려고 나름대로 노력했지만, 만족할 만한 결과를 얻지 못했습니다. 나는 알코올중독에서 회복하고, 단주생활을 하기 위해서 하느님의 보살핌에 나를 전적으로 맡겨야만 하겠습니다.

오늘의 말씀

하느님의 은총을 헛되이 하지 마십시오. 지금이 바로 자비의 때이며 오늘이 바로 구원의 날입니다(2고린 6:1).

오늘의 묵상은 나에게 어떤 의미를 주고 있습니까?

오늘의 강의

우리가 3단계를 실천할 때, 우리 인생을 살아가는 방식을 변화시키기로 결심해야 한다. 우리는 3단계의 내용을 우리 삶에서 행동으로 옮길 준비를 해야 한다. 우리가 알코올중독의 길에서 중독회복의 길로 옮기기로 결정한 것이 이 단계를 실천하는 이유이다.

우리 자신과 우리 생활에서의 변화는 극적으로 일어나지 않는다. 우리가 매일 중독에서 변화하고자 하는 결심을 새롭게 하고, 단주생활을 지속적으로 할 때, 우리는 중독에서 회복될 것이다. 나무줄기가 먼저 자라야만 가지가 생기고, 잎이 나고, 꽃이 피는 것처럼 3단계는 우리 생활에서 진정한 변화가 일어나도록 만들기 위한 연결고리이다.

질문

1. 나는 왜 나의 의지와 생명을 하느님의 보살핌에 맡기기로 결정하였습니까?
2. 내가 3단계를 실천하면, 나의 인생을 단주생활로 변화시킬 수 있습니까?

오 · 늘 · 의 · 기 · 도

영원하신 하느님, 제가 알코올중독에서 회복하고, 단주생활을 하기 위해서 당신께 저를 전적으로 맡기게 하소서.

88일
나를 술에 맡겨서는 안 된다

오늘의 묵상

나는 과거에 우리 생명과 의지를 하느님이 아니라, 술에 맡기고 살았습니다. 그 결과, 우리는 술로 인한 많은 문제들이 일어났고, 우리 삶과 행동은 엉망진창이었습니다.

나는 단주를 하기 위해 나 자신을 술에 맡기거나, 아니면 하느님에게 맡기는 것 둘 중에 하나를 선택해야 합니다. 그런데 내가 나의 생명과 의지를 술에 맡기는 것과 비교해 볼 때, 내가 하느님에게 맡기는 것이 더 편하고 행복합니다.

오늘의 말씀

한 평생 주님을 사랑하고 그분께 구원을 구하여라(집회서 13:14).

오늘의 묵상은 나에게 어떤 의미를 주고 있습니까?

오늘의 강의

단주모임에서는 우리에게 술을 포기하고, 백기만을 들라고 요구하는 것이 아니다. 오히려 우리에게 자신의 생명과 선택에 대해 책임을 지고, 단주를 행동을 실천하라고 요구한다.

우리의 단주목표는 하느님이 우리 의지와 생명을 통제하도록 함으로써 우리 의지와 생명이 하느님의 섭리에 합당하도록 하는 것이다. 그러면 자연스럽게 단주를 실천할 수 있고, 큰 갈등이 없이 건강하게 생활할 수 있으며, 우리 자신과 다른 사람들에게 해를 끼치지 않고 생활할 수 있다.

우리는 과거에 술에 우리 의지와 생명을 맡겼지만, 지금은 중독에서 회복하기 위해 우리를 보살펴 주고 사랑해 주시는 하느님에게 맡겨야 한다. 우리가 하느님에게 의지하면 할수록 실제로 우리는 더 자유로운 삶을 살 수 있다.

질문

1. 내가 단주를 선택하는 이유는 무엇인가?
2. 나의 단주목표는 무엇으로 정할 것인가?

오 · 늘 · 의 · 기 · 도

영원하신 하느님, 저는 술을 끊고 단주를 선택하려 하오니, 저의 결심을 굳게 하시고 지키도록 도와주소서.

89일
기도는 하나님과의 관계를 견고하게 한다

오늘의 묵상

나는 평화스러움, 평온함, 그리고 하느님과의 유대감을 느끼기 위해 단주의 길을 걸어가겠습니다. 나는 단주생활을 지속적으로 하기 위해 하느님께 인도를 구하는 것입니다. 나는 하느님과 그분의 인도를 개인적인 초대하심으로 받습니다.

내가 하느님의 초대를 받기 위해서 해야 할 일은 단지 마음의 문을 하느님께 열어놓는 것뿐입니다. 기도는 나와 하느님의 관계를 견고하게 하며, 단주생활을 강화할 것입니다.

오늘의 말씀

너희가 나를 부르며 나에게 와서 기도하면 들어주리라(예레미야 29:12).

오늘의 묵상은 나에게 어떤 의미를 주고 있습니까?

오늘의 강의

우리는 단주여행의 출발점에 서 있다. 그러나 단주여행의 반환점, 속도, 쉴 곳, 최종 종착지를 조절하려고 한다면, 예전처럼 술로 많은 시간을 잃어버렸던 중독의 길로 되돌아간다. 그러나 단주의 길이 어렵더라도 지속적으로 단주생활을 한다면, 중독에서 온전하게 회복하여 새로운 길이 보일 것이고, 새로운 삶을 살 것이다. 이제는 내 마음대로 사는 것이 아니라, 하느님의 인도를 받아 단주의 길을 걸어간다면, 하느님은 우리에게 무한한 하느님의 사랑과 평화를 내려주실 것이다.

질문

1. 나를 하느님의 돌보심에 맡길 때, 어떤 사랑을 받습니까?
2. 내가 하느님의 초대를 받으려면 무엇을 해야 합니까?

오 · 늘 · 의 · 기 · 도

영원하신 하느님, 제가 단주함으로써 하느님과의 관계를 견고하게 하며, 단주생활을 열심히 하게 하소서.

90일
하느님을 향한 믿음이 영적 회복을 가져온다

오늘의 묵상

나는 이제까지 알코올중독에 빠져 악의 길을 걸었습니다. 그러나 나는 단주치료모임에 참석하면서 하느님께서 알코올중독의 삶을 변화시켜 주실 수 있다는 믿음을 가지게 되었습니다.

나는 알코올중독에서 회복의 길로 나가는 것은 아직도 멀다고 생각합니다. 그러기에 하느님께서 항상 나를 회복의 길로 이끈다는 확신을 가지고, 겸손한 마음으로 주님을 향한 믿음이 영적 회복을 가져올 것입니다.

오늘의 말씀

하느님에게 복종하고, 악마를 대항하십시오. 그러면 악마는 여러분을 떠나 달아날 것입니다(야고보서 4:7).

오늘의 묵상은 나에게 어떤 의미를 주고 있습니까?

오늘의 강의

우리는 이미 하느님께서 알코올중독의 삶의 전체 방향을 정해주시고, 하느님을 따르기로 결정하였다. 그러나 아직도 대부분은 그동안 살아왔던 중독의 삶을 드러내지 못하고, 하느님 모르게 감추려고 한다.

우리는 중독행위를 충족시키기 위해 우리 마음을 숨겨왔고, 이는 하느님의 의도와는 전혀 반대되는 일이다. 우리 마음을 숨기는 일은 우리에게 이중생활을 하도록 만들고, 우리를 죄의식, 수치심, 불안정으로 몰고 간다.

비록 자기 마음을 하느님께 바친 사람들도 매일 새로운 시험들과 선택들에 직면하며 생활한다. 만약 우리가 단주생활을 원하면서 술과의 인연을 완전히 끊지 못하고 이중적인 생활을 한다면, 하느님께 대한 믿음이 흔들릴 수 있다. 우리가 술을 대적하며 하느님을 가까이 할 때, 하느님께서도 우리 옆에 계시면서 우리를 도와주실 것이다.

질문

1. 나는 하느님께서 알코올중독의 삶을 변화시켜 주실 수 있다는 믿음을 가지고 있습니까?
2. 내가 알코올중독 회복의 길로 나가도록 하느님께서 나에게 언제나 도움을 주실 것이라고 믿습니까?

오 · 늘 · 의 · 기 · 도

영원하신 하느님, 제가 알코올중독에서 회복할 수 있도록 저에게 단주할 수 있는 도움을 주시고, 항상 회복의 길로 이끌어 주소서.

단주하는 날부터

단주하는 날부터
직은 행복을 느꼈습니다

단주하는 날부터
직은 기쁨을 느꼈습니다

단주하는 날부터
작은 편온함을 느꼈습니다

단주하는 날부터
하느님 사랑을 느꼈습니다

이제부터는 하느님과 함께
단주호(斷酒號) 방주를 타고
술이 가득한 세상을 헤쳐가렵니다.

("그때 술을 마시지 않았더라면" 허 근 시집에서)

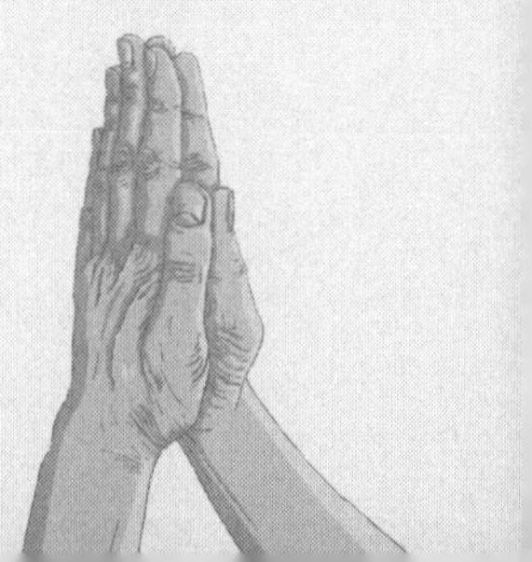

5

단주실천을 통한 새로운 삶

91일
기도와 묵상은 회복을 강화시킨다

오늘의 묵상

나는 중독문제를 해결하는 데 아무것도 할 수 없기 때문에, 하느님께 진심으로 기도하고 묵상을 합니다. 내가 지금 단주를 하는 것은 내가 그동안 중독치료에 열심히 참석했던 노력만은 아닙니다.

사람이 공기와 음식이 없이 살 수 없듯이 단주유지와 회복을 위해서, 그리고 내가 영적으로 회복하고 영적 인간으로 다시 태어나기 위해서는 기도와 묵상을 해야 합니다. 내가 매일 기도와 묵상을 함으로써 단주유지와 회복을 강화시켜 줄 것입니다.

오늘의 말씀

믿고 구하는 기도는 많은 사람을 낫게 할 것이다(야고보서 5:15).

오늘의 묵상은 나에게 어떤 의미를 주고 있습니까?

오늘의 강의

우리는 단주하기 전에는 술을 마시는 일에 엄청난 신뢰와 놀라운 집착을 보였다. 심지어 삶의 모든 문제들을 술로써 해결하려고 했다. 술에 대한 우리의 신뢰심은 대단했고, 술은 계속 우리 인생을 파멸시켰다.

그러기에 우리는 중독치료모임에 참석하면서 중독에 대한 신뢰심과 애착심을 끊어야 한다. 중독으로부터 회복하고 단주를 하기 위해서는 술에 대한 신뢰심과 집착이 새로운 방향으로 향해야 한다.

이제까지 우리는 술에 빠져 삶의 의미와 행복을 추구했다면, 이제부터는 인생의 참된 의미와 행복을 중독에서 벗어나 찾아야만 한다고 생각한다. 중독치료모임에서 기도와 묵상을 통해 하느님은 만나고, 단주를 통해 새로운 삶을 유지한다.

질문

1. 나는 중독회복을 위해 기도와 묵상을 매일 합니까?
2. 나는 중독에서 회복하고 치유하는 데, 단주에 대한 기도와 묵상이 필수적입니까?

오 · 늘 · 의 · 기 · 도

하느님 아버지, 제가 기도와 묵상을 함으로써 매일 단주를 결심을 하고 실천할 수 있게 하소서.

92일
단주는 하느님과 단주성공을 따르는 것이 좋다

오늘의 명상

나는 매일 중독회복을 위한 아침 묵상과 기도시간을 가져야 합니다. 내가 술을 마시지 않고, 술의 유혹을 이겨내기 위해 하느님의 도움을 간청해야 합니다.

만일 내가 잠을 잘 때까지 하루를 술을 마시지 않았다면, 하느님께 감사의 기도를 드려야 합니다. 술 없이 오늘 하루를 무사하게 지냈다면, 그것이 기적이 아니겠습니까? 이처럼 기도와 명상은 나에게 단주를 실천하는 힘의 원동력입니다.

오늘의 말씀

"우리 가운데 좋은 일을 시작하신 주님께서 그 일을 완성하리라고 나는 확신합니다(필립비서 1:6)."

오늘의 묵상은 나에게 어떤 의미를 주고 있습니까?

오늘의 강의

인생은 끊임없는 판단과 선택의 연속이다. 우리가 현명한 판단을 하느냐, 우매한 판단을 하느냐에 따라 인생이 달라진다. 우리가 오늘 술을 마실 것인가, 마시지 않을 것인가에 따라 삶의 질과 내용의 차이가 크다.

어떤 학생이 J회장의 예를 들어가면서 중학교를 가지 않아도 사회에서 성공할 수 있다고 주장한다면, 과연 그 주장은 현명하다고 할 수 없다. 만일 J회장도 가정형편만 좋았다면 분명 중학교에 갔다고 본다. 나의 뜻이 옳다고 생각되어도 옳은 판단인지 다시 한 번 살펴보아야 한다. 내가 행동을 하기 전에 나의 뜻과 하느님의 뜻, 내가 원하는 것과 하느님이 원하는 것, 나의 바람과 가족들의 바람을 비교하여 올바른 판단을 해야 한다. 단주를 하는 데 있어서도 내 뜻을 따르기보다는 하느님과 단주성공 선배들의 충고를 따르는 것이 좋다.

질문

1. 나는 단주를 하기 위해 어떤 선택을 해야 합니까?
2. 단주를 하는데 내 뜻보다 하느님과 단주성공 선배들의 뜻을 따라야 합니까?

오 · 늘 · 의 · 기 · 도

하느님 아버지, 매일 아침 묵상과 기도시간을 가짐으로써 과거 중독에 대한 잘못들에 대해 반성을 하고, 중독회복을 위해 새로운 결심을 하게 하소서.

93일
기도와 묵상은 하느님과 만나는 주요한 수단이다

오늘의 묵상

내가 하느님의 뜻을 의식하든 안 하든 나에게 끊임없이 나타납니다. 나는 아침 묵상을 통해 중독회복을 위해 무엇을 할 것인지 깊이 묵상해야 합니다. 내가 하느님과 올바른 관계를 가지게 될 때, 하느님께서는 나에게 중독에서 회복되어 단주를 할 수 있는 은총을 내려주십니다.

나는 하느님과의 의식적인 만남을 가짐으로써 중독에서 회복할 힘과 단주를 계속 유지할 수 있는 힘을 얻기 때문에, 묵상과 기도를 열심히 하겠습니다.

오늘의 말씀

너희가 악하면서도 자녀에게 좋은 것을 줄줄 알거든 하늘에 계신 아버지께서야 구하는 사람에게 더 좋은 것 곧 성령을 주시지 않겠느냐?(루가 11:13)

오늘의 묵상은 나에게 어떤 의미를 주고 있습니까?

오늘의 강의

기도와 묵상은 하느님과 접촉할 수 있는 주요한 수단이다. 사람이 공기나 음식을 먹지 않고 살 수 없듯이, 진정한 신앙인은 규칙적인 기도생활 없이 살 수 없다는 것을 안다. 우리 몸이 영양분의 결핍으로 삶의 목적을 수행할 수 없는 것처럼 중독회복에서 기도와 묵상을 통한 하느님과의 만남 없이는 진정한 회복을 기대하기 어렵다.

우리가 중독에서 회복하기 위해서 하느님의 강력한 은혜를 필요하다. 묵상은 우리가 회복의 최종 목적지를 향해 나가도록 돕고, 하느님의 은혜와 사랑에 우리의 의식적인 접촉을 개선시킨다. 따라서 우리는 우리 자신과 하느님 사이의 통로를 넓히고 깊게 할 수 있다. 기도는 하느님께 마음과 정신을 드리는 행위로 처음으로 기도를 하는 사람은 성 프란치스코가 바쳤던 "평화를 위한 기도"를 바치는 것도 좋다. 기도는 하느님께 대한 우리의 청원으로 우리에게 필요한 중독회복을 위해 기도해야 한다.

질문

1. 나는 묵상과 가도를 통해 하느님과의 의식적인 접촉을 개선시키고 있습니까?
2. 알코올중독에서 회복 중인 나는 무엇을 위해 기도해야 합니까?

오 · 늘 · 의 · 기 · 도

전능하신 하느님, 묵상과 기도를 열심히 함으로써 중독의 유혹을 물리치고, 단주할 힘을 얻고, 마음의 평온함을 누리게 하소서.

94일
중독에서 해방은 하나님의 은총이다

오늘의 묵상

나는 치료모임에 참석을 하고 기도하면서 중독에서 회복하는 길은 오로지 "하느님의 은총"만으로 가능하다는 사실을 깨달았습니다. 그동안 나는 나의 생각과 능력만으로 그리고 혼자의 힘으로 음주문제를 해결하려고 했지만 실패했습니다.

내가 중독해결을 위해 기도했을 때, 술로 인한 모든 문제를 전적으로 인정하게 되었고, 중독행위들에 대해 겸허하게 받아들였습니다. 내가 오늘도 중독에서 회복할 수 있는 것은 "하느님께 대한 기도와 하느님의 은총"뿐이라고 생각합니다.

오늘의 말씀

여러분은 더 큰 은총의 선물을 간절히 구하십시오(1고린토 12:31).

오늘의 묵상은 나에게 어떤 의미를 주고 있습니까?

오늘의 강의

우리 속담에 "잘 되면 내 탓이요, 잘못되면 조상 탓이요"라는 말이 있다. 삶에서 일이 잘 풀리고 성공하면, 모두 자기 탓으로 돌린다. 그리고 일이 안 풀리고 실패하면 모두 남의 탓으로 돌리며, 그 원인을 "~때문에"라고 말한다. 인생에서 실패한 사람들이 "~때문에"라는 말을 자주 쓴다. "너 때문에, 조건이 안 좋았기 때문에, 환경 때문에, 운 때문에" 등으로 자신의 실패를 정당화한다.

우리도 지금까지 중독의 원인을 "가족 때문에, 환경 때문에, 사업이 잘 안 되었기 때문에" 등 여러 가지 이유로 술이나 도박의 문제들을 정당화하고 합리화하였다. 하지만 중독치료를 받으면서 중독의 원인이 나에게 있음을 인식하게 되었고, 현재 우리가 중독에서 벗어나 회복의 길을 걸어간다는 것은 모두 "하느님의 은총 덕분"임을 받아들이게 되었다.

질문

1. 나는 나 혼자의 힘으로 중독에서 벗어날 수 있습니까?
2. 내가 중독에서 회복한 것이 하느님의 은총입니까?

오 · 늘 · 의 · 기 · 도

하느님, 제가 당신의 무한한 은총으로 중독에서 회복하여 매일 단주할 수 있게 하소서.

95일
단주에 대한 의심이 생기면 즉시 기도를 한다

오늘의 묵상

나는 중독으로 인해 진정한 삶의 희망을 망각하고 살았습니다. 그래서 나의 삶이 참된 기쁨도 없었습니다. 나는 미래에 대한 구체적인 계획이 없이 매일 술 마시는 데 급급했습니다.

그러나 내가 중독치료모임에 나오면서 새로운 희망이 생겼습니다. 그것은 나도 단주할 수 있다는 희망입니다. 오늘의 단주생활이 나의 삶의 방향을 올바로 가르쳐 줍니다. 지금 나는 단주를 하면서도 어떤 때는 단주에 대한 불안감과 의심이 생깁니다. 바로 그때 나는 하느님께 기도하면서 단주의 인도를 받도록 하겠습니다.

오늘의 말씀

누구든지 마음에 의심을 품지 않고 자기가 말한 대로 되리라고 믿기만 하면 그대로 될 것이다(루가 11:23).

오늘의 묵상은 나에게 어떤 의미를 주고 있습니까?

오늘의 강의

탈무드에는 "내일 일을 근심해도 별 도리가 없을 것이다. 오늘 바로 코앞에 닥치는 일도 모르는 처지에"라는 말이 있다. 우리 모두는 현재 회복의 길을 걸어가면서 회복에 대한 의심과 불안을 가질 수 있다. 흐린 날이 있으면, 맑은 날이 있듯이, 걱정은 삶에 아무런 도움이 되지 않는다.

우리는 의문과 걱정이 생기면, 그것이 크고 작음과 상관없이 즉흥적으로 하느님께 기도하면서 회복의 인도를 받는 것이 좋다. 우리는 최대한 하느님이 지시하는 방향을 향해 행동하겠다는 확신과 모든 어려운 상황 속에서도 회복을 원하시는 하느님의 의지에 부합하려고 노력해야 한다. 회복에 대한 의심과 재발위험이 다가올 때, 우리의 생각이나 능력만으로 해결하려고 하지 말고, 하느님께 기도를 바쳐야 한다.

질문

1. 현재 나의 근심과 걱정거리는 무엇입니까?
2. 나는 하느님께 항상 기도함으로써 회복의 길을 걸어갈 수 있다고 생각합니까?

오 · 늘 · 의 · 기 · 도

주님, 제가 단주에 대한 어떤 의심이나 불안을 갖지 않게 하시고, 중독회복에 대해 굳센 희망을 가지게 하소서.

96일
하느님의 뜻과 일치해야 회복할 수 있다

오늘의 묵상

나는 단주를 하면서 적어도 단주를 함께 할 사람들, 진정으로 나에게 도움이 될 수 있는 사람을 만났습니다. 하느님은 나의 인생의 모든 일들이 유용하도록 계획하고 있습니다.

나의 삶은 하나의 모자이크를 이루는 작업과도 같아서 나에게 일어났던 일이나 일어나고 있는 일은 모자이크의 하나의 작은 돌과 같습니다. 하느님은 그 작은 돌을 설계하시어 내 인생의 모자이크를 완성합니다. 하느님은 나에게 중독회복을 통해 더욱 겸손하고 인생의 참된 길을 걸어가라고 말씀하고 있습니다.

오늘의 말씀

아버지와 내가 하나인 것처럼 이 사람들도 하나가 되게 하여주십시오(요한 17:11).

오늘의 묵상은 나에게 어떤 의미를 주고 있습니까?

오늘의 강의

우리가 단주를 실천할 때, 우리의 뜻이 아무리 좋다고 해도 하느님의 뜻과 일치하지 않으면 회복의 목적을 달성할 수 없다. 그러기에 우리는 우리의 뜻이 하느님의 뜻에 합당한지를 살펴보아야 한다.

하느님의 뜻과 반대되는 나의 뜻은 가족이나 주위 사람들의 충고를 거절, 나만을 위한 선택, 독선적인 생각, 혼자서 문제해결, 자기 힘으로만 술을 통제, 고집, 욕심 등이 있다.

중독회복에 있어서 나의 뜻만을 고집하는 것은 한겨울에 씨를 뿌린다고 해도 씨는 싹을 내리지 못하고, 모두 얼어 죽는 것과 같다. 그러기에 우리는 중독회복에 있어서 가족들과 하느님의 바람을 헤아려야 할 것이다.

질문

1. 나는 중독회복을 위해 나의 뜻만을 주장했습니까?
2. 내가 온전히 중독회복을 하기 위해 하느님의 뜻과 일치해야만 합니까?

오 · 늘 · 의 · 기 · 도

주님, 제가 당신이 설계하시고 원하시는 계획에 맞게 살도록 도와주시고, 당신 뜻에 합당한 단주를 실천하게 하소서.

97일
기도와 명상은 하느님과 영적으로 접촉하게 한다

오늘의 묵상

나는 아침에 일어날 때마다 제일 먼저 "하느님, 오늘도 새날을 거저 주시니 단주를 실천하겠습니다"라는 기도를 바칩니다. 그리고 이 기도를 내 마음에 깊이 새기고 하루를 지냅니다. 또한 묵상을 통해 나의 과거 음주생활을 성찰하고, 나를 중독에서 회복해 주시는 하느님의 사랑을 느낍니다.

나는 기도와 명상을 함으로써 단주할 수 있는 힘을 하느님 안에서 발견하고, 모든 중독의 유혹으로부터 하느님의 보살핌을 받고 있습니다. 하느님의 보호와 보살핌을 받는 것이 나에게는 매우 기쁘고 즐거운 일입니다.

오늘의 말씀

누구든지 나에게서 떠나지 않고 내가 그와 함께 있으면, 그는 많은 열매를 맺는다. 나를 떠나서는 너희가 아무것도 할 수 없다(요한 15:5).

오늘의 묵상은 나에게 어떤 의미를 주고 있습니까?

오늘의 강의

우리가 단주치료모임, 회복과 관련된 저서들, 기도와 묵상, 다른 회복자들의 경험들로부터 배운 기초들은 하느님의 힘과 능력을 발견할 수 있게 해준다. 하느님은 우리를 사랑하며, 우리를 염려하고, 우리의 회복을 진심으로 도와주고 있다.

우리가 중독치료를 받기 전에는 술이 우리 삶을 풍요롭고 기쁘게 만들어 줄 것으로 착각하며 살았지만, 술은 우리 삶을 너무나 황폐화하고 불행하게 만들었다. 우리는 중독치료모임에 참석하여 기도와 묵상을 함으로써 비로소 하느님이 우리 삶을 행복하고 충만하게 만들어 준다는 사실을 깨달았다.

기도와 명상은 우리 삶에 많은 개선을 가져왔고, 단주하는 데 매우 효과가 있다. 그리고 기도와 명상의 목적은 우리가 이해한 하느님에게 영적으로 접촉하는 것을 발전시킨다.

질문

1. 기도와 묵상은 우리 삶에 얼마나 변화를 가져왔고, 단주에 얼마나 효과가 있습니까?
2. 기도와 묵상의 목적은 무엇이라고 생각합니까?

오 · 늘 · 의 · 기 · 도

하느님, 제가 당신께 기도와 명상을 함으로써 단주를 지속할 수 있는 힘을 얻게 하소서.

98일
기도와 묵상은 삶의 기적을 가져온다

오늘의 묵상

나는 매일 기도와 묵상을 함으로써 변화의 기적을 체험하였습니다. 기도와 묵상은 나를 알코올중독으로부터 해방시켜 줄 뿐만이 아니라, 인생에 많은 변화를 가져왔습니다. 나는 기도와 묵상에서 영적인 체험을 통해 인생이 즐겁고, 내적인 평화를 가져다준다는 것을 알았습니다.

기도와 묵상은 단주를 실천하면서 영적인 성장을 가져옵니다. 나는 기도와 묵상이 행복의 근원에 힘을 주고, 단주여정을 하느님과 함께할 수 있다고 확신합니다.

오늘의 말씀

너희가 내 이름으로 구하는 것이면, 무엇이든지 다 내가 이루어 주겠다(요한 14:14).

오늘의 묵상은 나에게 어떤 의미를 주고 있습니까?

오늘의 강의

우리가 원하는 것이 항상 잘못된 것이고, 하느님의 뜻과 항상 역행하는 것은 아니다. 중독자들이 회복에 실패하는 일반적인 이유는 그들의 목표가 잘못되어서가 아니고, 가능한 한 가장 높고 최선의 목표를 세우지 않는데 있다. 우리와 하느님의 목적과 목표가 합치되는 것이 중요하다.

중독회복 중인 우리는 하느님의 뜻을 먼저 생각해야 한다. 그중에 하나가 하느님은 우리가 단주를 실천하면서 다른 사람을 도와주길 원한다는 것이다. 우리가 중독치료모임에 꾸준히 참석하는 것, 치료모임을 하느님이 원하는 길로 생각하는 것, 생활 중에 합리적인 의무를 다하고 책임을 다하는 것이 회복자의 최선은 아니지만, 하느님의 뜻으로 생각할 수 있다. 우리가 중독에서 회복하여 하느님의 뜻과 일치하려고 노력한다면, 영적인 성숙을 가져올 수 있다.

질문

1. 나는 기도와 묵상을 통해 어떤 기적을 체험하였습니까?
2. 중독의 회복여정에서 나의 뜻과 하느님의 뜻이 일치하기 위해 어떻게 해야 합니까?

오 · 늘 · 의 · 기 · 도

하느님, 기도와 명상 안에서 당신과 함께하는 단주여정이 당신의 뜻과 나의 뜻이 언제나 일치하게 하소서.

99일
하느님은 나의 영원한 피난처이다

오늘의 묵상

하느님은 거룩한 은신처이며, 생활의 모든 근심과 걱정으로부터의 피난처이다. 나는 그동안 중독으로 인해 많은 낙인과 비난을 받아오며 살았습니다. 그럴 때 하느님만이 나의 은신처가 되어주셨습니다.

나는 중독을 해결하기 위해, 유혹을 물리치기 위해, 정신적인 고통에서 벗어나기 위해 하느님께 매달려야 합니다. 내가 중독의 실패들을 버리고 겸손한 마음으로 하느님께 다가갈 때, 하느님은 나의 영원한 피난처가 되어주실 것입니다.

오늘의 말씀

야훼께서는 내 피난처시요 내 요새이며 내가 의지하는 하느님이다 (시편 91:2).

오늘의 묵상은 나에게 어떤 의미를 주고 있습니까?

오늘의 강의

신약성서 루가복음 15장에 유명한 탕자의 이야기가 나온다. 이야기는 어떤 사람에게 두 아들이 있었는데, 작은 아들이 자기에게 돌아올 상속을 받아 먼 지방으로 떠나, 그곳에서 방종한 생활을 하다 자기 재산을 모두 탕진하였다. 그래서 그는 굶게 되었으나, 아무도 음식을 주지 않았다. 그제야 제정신이 들어 아버지 집으로 달려가게 되었고, 돌아온 작은 아들에게 아버지는 성대한 잔치를 벌여주었다는 내용이다.

우리는 술을 마심으로써 가족들이나 주위 사람들에게 많은 피해를 주었고, 나 자신도 탕자처럼 부, 지위, 명예, 건강을 잃어버렸다. 하지만 중독치료를 받고, 하느님께 돌아가겠다는 결심을 해야 한다. 사실 우리가 중독에 빠졌을 때, 하느님께 돌아가겠다는 첫걸음이 어려울 뿐이다. 우리가 중독에 빠져 있는 동안 하느님은 인내심으로 기다렸음을 기억해야 한다.

질문

1. 내가 알코올중독에 빠져 있을 때, 하느님이 진정한 피난처가 될 수 있습니까?
2. 나는 중독치료 프로그램에서 하느님의 자비와 사랑을 체험했습니까?

오 · 늘 · 의 · 기 · 도

전능하신 하느님, 저의 인생에 필요한 모든 것을 주시고, 중독의 모든 위험으로부터 저를 구해주시어 진정한 평화를 누리며 살게 하소서.

100일
단주하면 행복한 삶이 된다

오늘의 묵상

나는 처음에 단주의 성공은 술을 중단하거나 단주의 길로 들어서는 것이라고 생각했습니다. 그러나 지금은 단주성공은 내가 오늘 하루 정직하게 단주하는 것입니다.

이제는 나는 단주를 지속하는 것만이 나에게 진정한 행복을 가져올 수 있기에, 더 이상 술을 마시면서 삶을 망치고, 불행한 삶을 살지 않겠습니다.

나는 지금은 술을 마시지 않고도 인생이 즐겁다는 것을 깨달았습니다. 나는 단주가 항상 나에게 믿음, 희망, 사랑을 가져다준다는 확신을 가지겠습니다.

오늘의 말씀

여러분은 옛 인간을 그 행실과 함께 벗어버리고, 새 인간을 입은 사람입니다. 새 인간은 자기를 창조하신 분의 모상에 따라 끊임없이 새로워지면서 참 지식에 이르게 됩니다(콜로새서 3:9-10).

오늘의 묵상은 나에게 어떤 의미를 주고 있습니까?

오늘의 강의

IBM의 창시자인 T. J. 왓슨은 "성공은 실패의 언덕 너머에 있다"라는 말을 했다. 알코올중독자에게는 이 말처럼 여러 번의 단주실패에도 단주를 포기할 수 없었고, 단주의 성공을 마음으로부터 간절히 바랐다.

우리는 알코올중독으로 많은 것들을 잃고 나서야, 알코올중독 자체가 우리에게 심각한 질병이라는 사실을 깨달았고, 이제까지 중독으로 인해 혹독한 대가를 치렀다.

하지만 술을 완전히 끊고, 온전히 회복된 사람들은 "중독이 오히려 나에게 삶의 의미와 행복을 가져다주었다"고 고백한다. 단주를 하고 있는 우리에게 중독회복이 나와 가족 간의 관계, 나와 타인과의 관계, 나와 하느님과의 관계를 돈독하게 만들어 주었다. 우리가 지금처럼 단주를 지속할 때, 항상 행복한 삶을 살 수 있다.

질문

1. 내가 술을 마시지 않고, 단주를 하면 새로운 인간으로 거듭 태어날 수 있습니까?
2. 나는 단주를 지속할 때만이 행복한 삶을 살 수 있다고 생각합니까?

오 · 늘 · 의 · 기 · 도

영원하신 하느님, 제가 열심히 단주생활을 함으로써 알코올중독에서 온전히 회복되어 매일 행복한 삶을 살게 해주소서.

부 록

하루하루에 살자

1. 오늘만은 이 하루를 철저히 살기로 마음먹으며 모든 문제를 즉시 해소시킬 목적으로 먼 목표를 설정하지는 않겠다. 평생 동안 계속해야 한다고 생각될 때는 섬뜩하게 느껴질 일도 12시간 동안은 해낼 수 있음을 나는 알고 있다.

2. 오늘만은 행복해 보겠다. 아브라함 링컨은 "모든 이들은 자기가 행복해지기를 결심한 만큼만 행복하다"고 말했다. 그의 말은 옳다. 나를 절망시키는 생각에 머물러 있지는 않겠다. 그러한 생각들을 내 마음에서부터 몰아내고 행복한 생각으로 그 자리를 다시 메우겠다.

3. 오늘만은 있는 그대로의 현실에 따르겠다. 나는 현실을 정면으로 맞겠다. 내가 변화시킬 수 있는 것들은 그대로 받아들일 것이다.

4. 오늘만은 나는 내 마음을 향상시켜 보겠다. 나는 정신적 건달이 되지는 않겠다. 나는 노력과 사색과 집중이 요구되는 어떤 것을 최선을 다하여 읽어보겠다.

5. 오늘만은 내 영혼을 세 가지 방법으로 훈련시켜 보겠다. 나는 그 누군가를 위해 그들이 알지 못하는 가운데 하나의 선행을 하겠다(내가 한 선행을 그들이 알게 되어도 상관은 없다). 해야만 한다고 생각을 하면서도 이제까지 미루어 온 일을 적어도 두 가지는 해보겠다. 내 감정이 상처받을 수도 있겠지만 오늘만은 그것을 나타내지 않겠다.

6. 오늘만은 유쾌히 보내겠다. 할 수 있는 한 즐거운 표정을 하고 알맞은 복장을 하고 부드럽게 담소하며, 예의 바르게 행동하고, 그 누구도 비방하지 않겠다. 오늘만은 내 자신 말고 다른 그 누구를 향상시키려 하지 않겠다.

7. 오늘만은 하나의 계획을 가져보겠다. 철두철미하게 그 계획에 따르지는 않겠지만 그 계획을 가짐으로써 성급함과 우유부단이라는 두 가지 폐단으로부터 스스로를 보호할 것이다.

8. 오늘만은 불안해하지 않겠다. 나는 옳은 일을 할 수 있는 용기를 불러 모으고 내 자신의 행위에 대한 책임을 지겠다. 나는 세상에 기여할 때 세상 또한 내게 기여하리라는 사실만을 깨닫고 있을 것이다.

정말 오늘만을 위하여

1. 정말 오늘만은

나는 삶을 충실히 살려고 노력할 것이며 한 번에 나의 전 일생을 해결하려고 하지 않을 것이다.

2. 정말 오늘만은

나의 행복은 다른 사람들이 대신해 주거나 말하는 것으로 생각하지 않을 것이다. 또 주위에서 일어나는 것에 의존하지 않는다는 것을 인식함으로써 나는 행복해지기 위해 스스로 노력할 것이다.

3. 정말 오늘만은

나는 내 자신을 어떤 틀에 맞추려 하거나 모든 것을 내 자신의 욕망에 맞추려고 시도하지 않는다.

4. 정말 오늘만은

나는 나의 건강을 돌볼 것이다. 나는 나의 마음을 단련시킬 것이다.

5. 정말 오늘만은

누구에겐가 보답을 할 것이며, 그것을 떠벌리지 않는다.

6. 정말 오늘만은

나는 내가 다니는 길에서 우연히 내가 만나는 누군가에게 친절하도록 노력할 것이다.

7. 정말 오늘만은

내가 단주 프로그램을 정확히 따르게 되지 않을지 모르지만 그러나 나는 프로그램을 최선을 다해 지킬 것이다.

8. 정말 오늘만은

"만일 내가 시간이 있다면"이라고 말하지 않을 것이다.

9. 정말 오늘만은

나는 조용한 명상시간을 가질 것이다.

10. 정말 오늘만은

나는 행복해지는 것을 두려워하지 않을 것이며, 좋은 것, 아름다운 것, 그리고 삶에서 사랑스러운 것을 누리는 것을 두려워하지 않는다.

11. 정말 오늘만은

내 자신을 있는 그대로 받아들이고 나의 능력을 다해 삶을 충실히 살 것이다.

12. 정말 오늘만은

내가 오늘을 보람 있게 살 수 있다는 것을 믿으려 한다.

알코올중독자들을 위한 조언들

1. 오늘이 바로 알코올에서 해방되는 날입니다. 그러나 이것을 혼자서 해내는 것은 불가능한 일입니다. 당신은 적합한 치유 프로그램에 참여해야 합니다.

   "주님의 성령이 나에게 내리셨다. 주께서 나에게 기름을 부으시어 가난한 이들에게 복음을 전하게 하셨다"(루가 4:18).

2. 알코올 중독에서 치유되는 것은 일생을 통한 일이지 단 한 번에 이루어지는 것이 아닙니다. 따라서 당신이 참여하는 프로그램에 차근차근 순서대로 잘 따라야 합니다. 그리고 당신 몸과 마음이 치유되는 데는 시간이 걸릴 것이며 하느님께서도 당신을 변화시키는 데 시간이 걸리실 것입니다.

   "속임수를 쓰는 악마에 대항할 수 있도록 하느님께서 주시는 무리고 완전 무장을 하십시오. … 여러분은 또한 언제나 기도하며 하느님의 도우심을 청하십시오. 모든 경우에 성령의 도움을 받아 기도하십시오. 늘 깨어서 꾸준히 기도하며 모든 성도들을 위하여 간구하십시오"(에페소 6:11-18).

3. 혼자서 중독 문제를 해결하려 하지 말고 도움을 줄 자격이 있는 사람으로부터 도움을 받아야 합니다.

   "나에게 능력을 주시는 분을 힘입어 나는 모든 일을 해낼 수 있습니다"(필립비 4:13).

4. 다시 술을 마시더라도 포기하지 마십시오. 언제든지 다시 시작하는 것은 결코 늦은 것이 아니며 하느님께서는 끊임없이 계속해서 기회를 주시는 분이십니다.

"육체를 따라 살면 여러분은 죽습니다. 그러나 성령의 힘으로 육체의 악한 행실을 죽이면 삽니다. 누구든지 하느님의 성령의 인도를 따라 사는 사람은 하느님의 자녀입니다.
여러분이 받은 성령은 여러분을 다시 노예로 만들어서 공포에 몰아넣으시는 분이 아니라 여러분을 하느님의 자녀로 만들어 주시는 분이십니다. 그래서 우리는 그 성령에 힘입어 하느님을 '아빠, 아버지'라고 부릅니다"(로마서 8:13-15).

5. 알코올중독 때문에 혼자서 애쓰지 마십시오. 하느님의 능력과 힘에 의지해야 하고 그분 안에서 해방의 삶을 유지해야 합니다.

"육체의 욕정을 채우려 하지 말고 성령께서 이끄시는 대로 살아가십시오"(갈라디아 5:16).

6. 술과 술친구들에게 거리를 두십시오. 그들과 어울리는 것이 다시 술을 마시게 되는 원인이 된다면 말입니다.

"속지 마십시오. 나쁜 친구를 사귀면 품행이 나빠집니다"(1고린토 15:33).

7. 술에 유혹을 받더라도 놀라거나 당황하지 마십시오. 유혹 그 자체는 죄가 아닙니다. 죄는 유혹에 내가 어떻게 대처하느냐에 따른 것입니다.

"하느님은 신의가 있으십니다. 여러분이 감당할 수 있는 것 이상으로 시련을 당하도록 묵인하지 않으실 것이며, 시련과 함께 그것을 견디어 낼 방도도 마련해 주실 것입니다"(1고린토 10:13).

8. 당신은 누구보다도 자신을 속이는 것이 쉽다는 것을 알 것입니다. 그래서 당신은 자신이 어떻게, 어떤 때에 자신의 태도와 행동을 합리화하는지를 잘 파악하고 있어야 합니다.

"인간의 마음은 너무나 병이 들어 있어서 고칠 수 없을 정도이며 인간의 마음처럼 사기성이 농후한 것은 없습니다"(예레미야 17:9).

9. 술에서 해방되었다고 자만하거나 흡족해하지 마십시오. 당신이 회복되었다는 것을 입증할 수 없기 때문입니다.

"파멸에 앞서 교만한 마음이 생기고, 넘어지기 전에 오만해집니다"(잠언 16:8).

10. 하느님을 신뢰하십시오. 그분은 당신이 가장 원하는 것이 무엇인지 잘 알고 계십니다. 머피의 법칙이 그리스도인에게는 적용되지 않습니다.

"우리는 알거니와, 하느님을 사랑하는 이들과 하느님의 뜻대로 부름 받은 이들에게는 모든 것이 어우러져 좋은 일을 이룹니다"(로마서 8:28).

11. 하느님과 하루하루 살아가십시오. 그분이 당신의 문제가 무엇이고, 무엇이 당신에게 필요한지를 잘 알고 계시기 때문입니다.

"아무것도 걱정하지 말고 무슨 일에나 기도와 간구로써 감사하며 소원을 하느님께 아뢰시오. 그러면 사람의 이해를 초월하는 하느님의 평화가 여러분의 마음과 생각을 그리스도 예수 안에서 지켜 주실 것입니다"(필립비 4:6-7).

12. 매일 기도하십시오. 기도가 접착제처럼 우리를 하느님과 늘 붙어 있도록 합니다.

"여러분 가운데 고난을 당하는 사람이 있으면 그 사람은 기도를 해야 합니다"(야고보서 5:13).

13. 매일 성서를 읽으십시오. 하느님께서 당신의 문제에 응답하실 것이며 당신이 필요한 곳으로 인도하실 것입니다.

"마음을 다하여 야훼를 믿어라. 잘난체하지 말고 무슨 일을 하든지 야훼께 여쭈어라"(잠언 3:5-6).

14. 주일미사나 예배에 참석하여 하느님을 섬기시고 봉사를 하십시오. 다른 이들을 도와줄 때 당신이 성장하게 됩니다.

"서로 마음을 써 사랑과 선한 일을 하도록 부추깁시다. 더러들 습관적으로 그러듯이 모임을 포기하지 말고 서로 격려합시다."(히브리서 10:24-25).

15. 당신이 갈등하며 애쓰는 것을 나눌 수 있고 격려를 받을 수 있는 도움 집단이나 공동체와 관계를 유지하십시오. 그들이 삶의 곤경을 대처해 나가도록 도와줄 것입니다.

"서로 남의 짐을 져주십시오. 그래서 그리스도의 법을 이루십시오."(갈라디아 6:2).

회복의 12단계

1단계

우리는 알코올에 무력했으며 스스로 생활을 처리할 수 없게 되었다는 것을 깨닫고 시인했다.

2단계

우리보다 "위대하신 힘"이 우리를 건전한 본 정신으로 돌아오게 해주실 수 있다는 것을 믿게 되었다.

3단계

우리는 우리가 하느님을 이해하게 된 대로, 하느님의 보살피심에 우리의 의지와 생명을 완전히 맡기기로 결정했다.

4단계

철저하고 두려움 없이 우리의 도덕적 생활을 검토했다.

5단계

솔직하고 정확하게 우리가 잘못했던 점을 하느님과 나 자신에게 또 어느 한 사람에게 시인했다.

6단계

하느님께서 우리의 이러한 모든 성격상 약점을 제거해 주시도록 우리는 준비를 완전히 했다.

7단계

겸손한 마음으로 하느님께서 우리의 약점을 없애주시기를 간청했다.

8단계

우리가 해를 끼친 모든 사람의 명단을 만들어서 그들에게 기꺼이 보상할 용의를 갖게 되었다.

9단계

어느 누구에게도 해가 되지 않는 한, 할 수 있는 데까지 어디서나 그들에게 직접 보상했다.

10단계

계속해서 자신을 반성하여 잘못이 있을 때마다 즉시 시인했다.

11단계

기도와 명상을 통해서 우리는 하느님과 의식적인 접촉을 증진하려고 노력했다. 그리고 우리를 위한 그분의 뜻만 알도록 해주시며, 그것을 이행할 수 있는 힘을 주시도록 간청했다.

12단계

이러한 단계로써 생활해 본 결과, 우리는 영적으로 각성되었고, 알코올중독자들에게 이 메시지를 전달하려고 노력했으며, 우리 생활의 모든 면에서도 이러한 원칙을 실천하려고 했다.

단주의 맹세

1. 우리는 술에 무력했으며 나 혼자 힘으로는 알코올중독을 극복할 수 없고 하느님의 힘을 통해서만이 회복할 수 있다는 것을 인정한다.

2. 우리는 매번 회복 교실에 참석하여 지나온 삶을 솔직하게 반성한다.

3. 우리는 알코올중독 피해에 관한 경험을 반성하고 과거 모든 잘못을 솔직하게 인정한다.

4. 우리는 자신을 계속해서 영적으로 성장하도록 노력하고, 매일 새로운 삶을 창조해 나간다.

5. 우리는 그동안 알코올중독으로 피해를 주었던 가족들과 모든 사람들에게 기회가 있는 대로 보속한다.

6. 우리는 알코올중독으로부터 회복한 기쁨을 다른 알코올중독자들에게 전한다.

천주교서울대교구 단중독사목위원회 가톨릭알코올사목센터

1. 주요 사업
   1) 알코올중독자에 대한 심리상담 및 영성지도
   2) 알코올중독자 가족에 대한 심리상담 및 영성 지도
   3) 알코올중독상담자 및 중독전문가 양성교육
   4) 알코올중독과 관련된 서비스정보 및 네트워크
   5) 알코올중독교육 및 연구개발

2. 중독전문 치료 프로그램
   1) 알코올중독자 치료 프로그램
      ① 단주치료모임(3개월)
      ② 알코올중독자와 가족을 위한 단기집중치료(매월 1회)
   2) 가족치료 프로그램
   3) 영적치료 프로그램(매월 1회)
   4) 개인상담(알코올중독자 및 가족)
   5) 전화상담(오전 10시~오후 6시)
      상담 전화 번호 : 02-364-1811-2
      전화예약 후 방문 부탁드립니다.

천주교서울대교구 단중독사목위원회 가톨릭알코올사목센터
(우) 100-858
서울시 중구 중림동 149-2 가톨릭출판사 신관5층
전화 : 02-364-1811~2
Website : www.sulsul.or.kr
E-mail: alcohol1952@naver.com

참고문헌

대한성서공회(1992). **공동번역 성서**. 서울 : 보진재.

신재정 · 황인복 · 김석산 · 채숙희 공역(2003). **알코올전문치료자가 되는 길**. Dr Robert R. Perkinson. *Chemical Dependency Counseling A Practical Guide*. 서울 : 하나의학사.

안성도(1982). **하루하루에 살자**. 서울 : 단주친목.

이덕기 · 송수진 공역(1999). **12단계 교본**. Jane Nakken · Della Van Dyke. *Twelve Steps Workbook*. 서울 : 하나의학사.

이덕기 · 송수진 · 김길중 공역(1999). **12단계 해설서**. William Springborn. *Twelve Steps Pamphlets*. 서울 : 하나의학사.

이동일(1986). **주제별 성구사전**. 서울 : 계성출판사.

천주의성요한알코올상담치료센터(1993). **회복에 이르는 길**. 서울 : 하나의학사.

허 근 역, 모리오카 히로시 저(2005). **알코올중독자가족의 회복을 위한 길**. 서울 : 가톨릭출판사.

허 근(2002). **나는 알코올중독자**. 서울 : 가톨릭출판사.

_____(2004). **알코올중독자의 회복을 위한 영적 성장의 길**. 서울 : 기쁜소식.

_____(2004). **영성의 길**. 서울 : 기쁜소식.

허 근 · 김지연(2011). **술술술 더 이상 문제가 아니어요**. 경기 : 공동체.

Friends in Recovery(1994). *The Twelve Steps A Spiritual Journey*. WA : RPI.

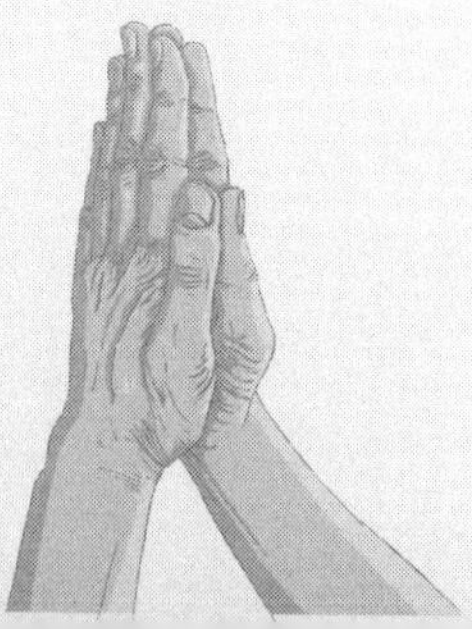

저/자/약/력

■허 근

사제서품
서울기독대학교 사회복지학 박사
서울시립성동노인복지관 관장
현 천주교서울대교구 단중독사목위원회 위원장
(사)한국바른마음바른문화운동본부 이사장

영성을 통한

중독회복의 길

|편저자| 허 근

|1판 1쇄| 발행 2018년 2월 10일

|발행인| 김동훈
|발행처| 공동체

|주소| 경기도 고양시 일산동구 호수로 358-39, 동문타워 1차 905호(백석동)
|전화| 031)920-8305(대표)
|팩스| 031)920-8308
|e-mail| compub@naver.com
|출판등록| 2005년 10월 6일
|등록번호| 제396-2005-36호

|ISBN| 979-11-6105-237-3
정가 15,000원